SERVISCH

WOORDENSCHAT

THEMATISCHE WOORDENLIJST

NEDERLANDS
SERVISCH

De meest bruikbare woorden
Om uw woordenschat uit te breiden en
uw taalvaardigheid aan te scherpen

7000 woorden

Thematische woordenschat Nederlands-Servisch - 7000 woorden
Door Andrey Taranov

Woordenlijsten van T&P Books zijn bedoeld om u woorden van een vreemde taal te helpen leren, onthouden, en bestudering. Dit woordenboek is ingedeeld in thema's en behandelt alle belangrijk terreinen van het dagelijkse leven, bedrijven, wetenschap, cultuur, etc.

Het proces van het leren van woorden met behulp van de op thema's gebaseerde aanpak van T&P Books biedt u de volgende voordelen:

- Correct gegroepeerde informatie is bepalend voor succes bij opeenvolgende stadia van het leren van woorden
- De beschikbaarheid van woorden die van dezelfde stam zijn maakt het mogelijk om woordgroepen te onthouden (in plaats van losse woorden)
- Kleine groepen van woorden faciliteren het proces van het aanmaken van associatieve verbindingen, die nodig zijn bij het consolideren van de woordenschat
- Het niveau van talenkennis kan worden ingeschat door het aantal geleerde woorden

T&P Books Publishing
www.tpbooks.com

ISBN: 978-1-78492-321-1

Dit boek is ook beschikbaar in e-boek formaat.
Gelieve www.tpbooks.com te bezoeken of de belangrijkste online boekwinkels.

SERVISCHE WOORDENSCHAT
nieuwe woorden leren

T&P Books woordenlijsten zijn bedoeld om u te helpen vreemde woorden te leren, te onthouden, en te bestuderen. De woordenschat bevat meer dan 7000 veel gebruikte woorden die thematisch geordend zijn.

- De woordenlijst bevat de meest gebruikte woorden
- Aanbevolen als aanvulling bij welke taalcursus dan ook
- Voldoet aan de behoeften van de beginnende en gevorderde student in vreemde talen
- Geschikt voor dagelijks gebruik, bestudering en zelftestactiviteiten
- Maakt het mogelijk om uw woordenschat te evalueren

Bijzondere kenmerken van de woordenschat

- De woorden zijn gerangschikt naar hun betekenis, niet volgens alfabet
- De woorden worden weergegeven in drie kolommen om bestudering en zelftesten te vergemakkelijken
- Woorden in groepen worden verdeeld in kleine blokken om het leerproces te vergemakkelijken
- De woordenschat biedt een handige en eenvoudige beschrijving van elk buitenlands woord

De woordenschat bevat 198 onderwerpen zoals:

Basisconcepten, getallen, kleuren, maanden, seizoenen, meeteenheden, kleding en accessoires, eten & voeding, restaurant, familieleden, verwanten, karakter, gevoelens, emoties, ziekten, stad, dorp, bezienswaardigheden, winkelen, geld, huis, thuis, kantoor, werken op kantoor, import & export, marketing, werk zoeken, sport, onderwijs, computer, internet, gereedschap, natuur, landen, nationaliteiten en meer ...

INHOUDSOPGAVE

UITSPRAAKGIDS

Klinkers

Letter	Servisch voorbeeld	T&P fonetisch alfabet	Nederlands voorbeeld
А а	авлија	[a]	acht
Е е	ексер	[e]	delen, spreken
И и	излаз	[i]	bidden, tint
О о	очи	[o]	overeenkomst
У у	ученик	[u]	hoed, doe

Medeklinkers

Letter	Servisch voorbeeld	T&P fonetisch alfabet	Nederlands voorbeeld
Б б	брег	[b]	hebben
В в	вода	[ʋ]	als in Noord-Nederlands - water
Г г	глава	[g]	goal, tango
Д д	дим	[d]	Dank u, honderd
Ђ ђ	ђак	[ʥ]	jeans, bougie
Ж ж	жица	[ʒ]	journalist, rouge
З з	зец	[z]	zeven, zesde
Ј ј	мој	[j]	New York, januari
К к	киша	[k]	kennen, kleur
Л л	лептир	[l]	delen, luchter
Љ љ	љиљан	[ʎ]	biljet, morille
М м	мајка	[m]	morgen, etmaal
Н н	нос	[n]	nemen, zonder
Њ њ	књига	[ɲ]	cognac, nieuw
П п	праг	[p]	parallel, koper
Р р	рука	[r]	roepen, breken
С с	слово	[s]	spreken, kosten
Т т	тело	[t]	tomaat, taart
Ћ ћ	ћуран	[ʨ]	ongeveer 'tjie'
Ф ф	фењер	[f]	feestdag, informeren
Х х	хлеб	[h]	het, herhalen
Ц ц	цео	[ʦ]	niets, plaats
Ч ч	чизме	[ʧ]	Tsjechië, cello
Џ џ	џбун	[ʤ]	jeans, jungle
Ш ш	шах	[ʃ]	shampoo, machine

AFKORTINGEN gebruikt in de woordenschat

Nederlandse afkortingen

abn	-	als bijvoeglijk naamwoord
bijv.	-	bijvoorbeeld
bn	-	bijvoeglijk naamwoord
bw	-	bijwoord
enk.	-	enkelvoud
enz.	-	enzovoort
form.	-	formele taal
inform.	-	informele taal
mann.	-	mannelijk
mil.	-	militair
mv.	-	meervoud
on.ww.	-	onovergankelijk werkwoord
ontelb.	-	ontelbaar
ov.	-	over
ov.ww.	-	overgankelijk werkwoord
telb.	-	telbaar
vn	-	voornaamwoord
vrouw.	-	vrouwelijk
vw	-	voegwoord
vz	-	voorzetsel
wisk.	-	wiskunde
ww	-	werkwoord

Nederlandse artikelen

de	-	gemeenschappelijk geslacht
de/het	-	gemeenschappelijk geslacht, onzijdig
het	-	onzijdig

Servische afkortingen

ж	-	vrouwelijk zelfstandig naamwoord
ж мн	-	vrouwelijk meervoud
м	-	mannelijk zelfstandig naamwoord
м мн	-	mannelijk meervoud
м, ж	-	mannelijk, vrouwelijk

мн	-	meervoud
нг	-	onovergankelijk werkwoord
нг, пг	-	onovergankelijk, overgankelijk werkwoord
пг	-	overgankelijk werkwoord
с	-	onzijdig
с мн	-	onzijdig meervoud

BASISBEGRIPPEN

Basisbegrippen Deel 1

1. Voornaamwoorden

ik	**ја**	ja
jij, je	**ти**	ti
hij	**он**	on
zij, ze	**она**	óna
het	**оно**	óno
wij, we	**ми**	mi
jullie	**ви**	vi
zij, ze (mann.)	**они**	óni
zij, ze (vrouw.)	**оне**	óne

2. Begroetingen. Begroetingen. Afscheid

Hallo! Dag!	**Здраво!**	Zdrávo!
Hallo!	**Добар дан!**	Dóbar dan!
Goedemorgen!	**Добро јутро!**	Dóbro jútro!
Goedemiddag!	**Добар дан!**	Dóbar dan!
Goedenavond!	**Добро вече!**	Dóbro véče!
gedag zeggen (groeten)	**поздрављати** (пг)	pózdravljati
Hoi!	**Здраво!**	Zdrávo!
groeten (het)	**поздрав** (м)	pózdrav
verwelkomen (ww)	**поздрављати** (пг)	pózdravljati
Hoe gaat het met u?	**Како сте?**	Káko ste?
Hoe is het?	**Како си?**	Káko si?
Is er nog nieuws?	**Шта је ново?**	Šta je nóvo?
Tot ziens! (form.)	**Довиђења!**	Doviđénja!
Doei!	**Здраво!**	Zdrávo!
Tot snel! Tot ziens!	**Видимо се ускоро!**	Vídimo se úskoro!
Vaarwel!	**Збогом!**	Zbógom!
afscheid nemen (ww)	**опраштати се**	opráštati se
Tot kijk!	**Ћао! Здраво!**	Ćáo! Zdrávo!
Dank u!	**Хвала!**	Hvála!
Dank u wel!	**Хвала лепо!**	Hvála lépo!
Graag gedaan	**Изволите**	Izvólite
Geen dank!	**Нема на чему!**	Néma na čému!
Geen moeite.	**Нема на чему**	Néma na čému
Excuseer me, ... (inform.)	**Извини!**	Izvíni!

Excuseer me, ... (form.)	**Извините!**	Izvínite!
excuseren (verontschuldigen)	**извињавати** (пг)	izvinjávati
zich verontschuldigen	**извињавати се**	izvinjávati se
Mijn excuses.	**Извињавам се**	Izvinjávam se
Het spijt me!	**Извините!**	Izvínite!
vergeven (ww)	**опраштати** (пг)	opráštati
Maakt niet uit!	**Ништа страшно!**	Níšta strášno!
alsjeblieft	**молим**	mólim
Vergeet het niet!	**Не заборавите!**	Ne zabóravite!
Natuurlijk!	**Наравно!**	Náravno!
Natuurlijk niet!	**Наравно да не!**	Náravno da ne!
Akkoord!	**Слажем се!**	Slážem se!
Zo is het genoeg!	**Доста!**	Dósta!

3. Kardinale getallen. Deel 1

nul	**нула** (ж)	núla
een	**један**	jédan
twee	**два**	dva
drie	**три**	tri
vier	**четири**	čétiri
vijf	**пет**	pet
zes	**шест**	šest
zeven	**седам**	sédam
acht	**осам**	ósam
negen	**девет**	dévet
tien	**десет**	déset
elf	**једанаест**	jedánaest
twaalf	**дванаест**	dvánaest
dertien	**тринаест**	trínaest
veertien	**четрнаест**	četŕnaest
vijftien	**петнаест**	pétnaest
zestien	**шеснаест**	šésnaest
zeventien	**седамнаест**	sedámnaest
achttien	**осамнаест**	osámnaest
negentien	**деветнаест**	devétnaest
twintig	**двадесет**	dvádeset
eenentwintig	**двадесет и један**	dvádeset i jédan
tweeëntwintig	**двадесет и два**	dvádeset i dva
drieëntwintig	**двадесет и три**	dvádeset i tri
dertig	**тридесет**	trídeset
eenendertig	**тридесет и један**	trídeset i jédan
tweeëndertig	**тридесет и два**	trídeset i dva
drieëndertig	**тридесет и три**	trideset i tri
veertig	**четрдесет**	četrdéset
eenenveertig	**четрдесет и један**	četrdéset i jédan

tweeënveertig	**четрдесет и два**	četrdéset i dva
drieënveertig	**четрдесет и три**	četrdéset i tri
vijftig	**педесет**	pedéset
eenenvijftig	**педесет и један**	pedéset i jédan
tweeënvijftig	**педесет и два**	pedéset i dva
drieënvijftig	**педесет и три**	pedéset i tri
zestig	**шездесет**	šezdéset
eenenzestig	**шездесет и један**	šezdéset i jédan
tweeënzestig	**шездесет и два**	šezdéset i dva
drieënzestig	**шездесет и три**	šezdéset i tri
zeventig	**седамдесет**	sedamdéset
eenenzeventig	**седамдесет и један**	sedamdéset i jédan
tweeënzeventig	**седамдесет и два**	sedamdéset i dva
drieënzeventig	**седамдесет и три**	sedamdéset i tri
tachtig	**осамдесет**	osamdéset
eenentachtig	**осамдесет и један**	osamdéset i jédan
tweeëntachtig	**осамдесет и два**	osamdéset i dva
drieëntachtig	**осамдесет и три**	osamdéset i tri
negentig	**деведесет**	devedéset
eenennegentig	**деведесет и један**	devedéset i jédan
tweeënnegentig	**деведесет и два**	devedéset i dva
drieënnegentig	**деведесет и три**	devedéset i tri

4. Kardinale getallen. Deel 2

honderd	**сто**	sto
tweehonderd	**двеста**	dvésta
driehonderd	**триста**	trísta
vierhonderd	**четиристо**	čétiristo
vijfhonderd	**петсто**	pétsto
zeshonderd	**шестсто**	šéststo
zevenhonderd	**седамсто**	sédamsto
achthonderd	**осамсто**	ósamsto
negenhonderd	**деветсто**	dévetsto
duizend	**хиљада** (ж)	híljada
tweeduizend	**две хиљаде**	dve híljade
drieduizend	**три хиљаде**	tri híljade
tienduizend	**десет хиљада**	déset híljada
honderdduizend	**сто хиљада**	sto híljada
miljoen (het)	**милион** (м)	milíon
miljard (het)	**милијарда** (ж)	milíjarda

5. Getallen. Breuken

breukgetal (het)	**разломак** (м)	rázlomak
half	**једна половина**	jédna pólovina

een derde	**једна трећина** (ж)	jédna trećína
kwart	**једна четвртина**	jédna čétvrtina
een achtste	**једна осмина** (ж)	jédna osmína
een tiende	**једна десетина**	jédna désetina
twee derde	**две трећине**	dve trećíne
driekwart	**три четвртине**	tri četvŕtine

6. Getallen. Eenvoudige berekeningen

aftrekking (de)	**одузимање** (с)	oduzímanje
aftrekken (ww)	**одузимати** (пг)	odúzimati
deling (de)	**дељење** (с)	déljenje
delen (ww)	**делити** (пг)	déliti
optelling (de)	**сабирање** (с)	sabíranje
erbij optellen (bij elkaar voegen)	**сабрати** (пг)	sábrati
optellen (ww)	**сабирати** (пг)	sábirati
vermenigvuldiging (de)	**множење** (с)	mnóženje
vermenigvuldigen (ww)	**множити** (пг)	mnóžiti

7. Getallen. Diversen

cijfer (het)	**цифра** (ж)	cífra
nummer (het)	**број** (м)	broj
telwoord (het)	**број** (м)	broj
minteken (het)	**минус** (м)	mínus
plusteken (het)	**плус** (м)	plus
formule (de)	**формула** (ж)	fórmula
berekening (de)	**израчунавање** (с)	izračunávanje
tellen (ww)	**бројати** (пг)	brójati
bijrekenen (ww)	**бројати** (пг)	brójati
vergelijken (ww)	**упоређивати** (пг)	upoređívati
Hoeveel?	**Колико?**	Kolíko?
som (de), totaal (het)	**збир** (м)	zbir
uitkomst (de)	**резултат** (м)	rezúltat
rest (de)	**остатак** (м)	ostátak
enkele (bijv. ~ minuten)	**неколико**	nékoliko
restant (het)	**остало** (с)	óstalo
anderhalf	**један и по**	jédan i po
dozijn (het)	**туце** (с)	túce
middendoor (bw)	**напола**	nápola
even (bw)	**на равне делове**	na rávne délove
helft (de)	**половина** (ж)	polóvina
keer (de)	**пут** (м)	put

8. De belangrijkste werkwoorden. Deel 1

aanbevelen (ww)	**препоручивати** (пг)	preporučívati
aandringen (ww)	**инсистирати** (нг)	insistírati
aankomen (per auto, enz.)	**стизати** (нг)	stízati
aanraken (ww)	**дирати** (пг)	dírati
adviseren (ww)	**саветовати** (пг)	sávetovati
afdalen (on.ww.)	**спуштати се**	spúštati se
afslaan (naar rechts ~)	**скретати** (нг)	skrétati
antwoorden (ww)	**одговарати** (нг, пг)	odgovárati
bang zijn (ww)	**плашити се**	plášiti se
bedreigen (bijv. met een pistool)	**претити** (нг)	prétiti
bedriegen (ww)	**обмањивати** (пг)	obmanjívati
beëindigen (ww)	**завршавати** (пг)	završávati
beginnen (ww)	**почињати** (нг, пг)	póčinjati
begrijpen (ww)	**разумевати** (пг)	razumévati
beheren (managen)	**руководити** (пг)	rukovóditi
beledigen (met scheldwoorden)	**вређати** (пг)	vréđati
beloven (ww)	**обећати** (пг)	obéćati
bereiden (koken)	**кувати** (пг)	kúvati
bespreken (spreken over)	**расправљати** (пг)	ráspravljati
bestellen (eten ~)	**наручивати** (пг)	naručívati
bestraffen (een stout kind ~)	**кажњавати** (пг)	kažnjávati
betalen (ww)	**платити** (нг, пг)	plátiti
betekenen (beduiden)	**значити** (нг)	znáčiti
betreuren (ww)	**жалити** (нг)	žáliti
bevallen (prettig vinden)	**свиђати се**	svíđati se
bevelen (mil.)	**наређивати** (пг)	naređívati
bevrijden (stad, enz.)	**ослобађати** (пг)	oslobáđati
bewaren (ww)	**чувати** (пг)	čúvati
bezitten (ww)	**поседовати** (пг)	pósedovati
bidden (praten met God)	**молити се**	móliti se
binnengaan (een kamer ~)	**ући, улазити** (нг)	úći, úlaziti
breken (ww)	**ломити** (пг)	lómiti
controleren (ww)	**контролисати** (пг)	kontrólisati
creëren (ww)	**створити** (пг)	stvóriti
deelnemen (ww)	**учествовати** (нг)	účestvovati
denken (ww)	**мислити** (нг)	mísliti
doden (ww)	**убијати** (нг)	ubíjati
doen (ww)	**радити** (пг)	ráditi
dorst hebben (ww)	**бити жедан**	bíti žédan

9. De belangrijkste werkwoorden. Deel 2

een hint geven	**дати миг**	dáti mig
eisen (met klem vragen)	**захтевати, тражити**	zahtévati, trážiti

excuseren (vergeven)	**извињавати** (пг)	izvinjávati
existeren (bestaan)	**постојати** (нг)	póstojati
gaan (te voet)	**ићи** (нг)	íći
gaan zitten (ww)	**седати** (нг)	sédati
gaan zwemmen	**купати се**	kúpati se
geven (ww)	**давати** (пг)	dávati
glimlachen (ww)	**осмехивати се**	osmehívati se
goed raden (ww)	**погодити** (пг)	pogóditi
grappen maken (ww)	**шалити се**	šáliti se
graven (ww)	**копати** (пг)	kópati
hebben (ww)	**имати** (пг)	ímati
helpen (ww)	**помагати** (пг)	pomágati
herhalen (opnieuw zeggen)	**понављати** (пг)	ponávljati
honger hebben (ww)	**бити гладан**	bíti gládan
hopen (ww)	**надати се**	nádati se
horen (waarnemen met het oor)	**чути** (нг, пг)	čúti
huilen (wenen)	**плакати** (нг)	plákati
huren (huis, kamer)	**изнајмити** (пг)	iznájmiti
informeren (informatie geven)	**информисати** (пг)	infórmisati
instemmen (akkoord gaan)	**слагати се**	slágati se
jagen (ww)	**ловити** (пг)	lóviti
kennen (kennis hebben van iemand)	**знати** (пг)	znáti
kiezen (ww)	**бирати** (пг)	bírati
klagen (ww)	**жалити се**	žáliti se
kosten (ww)	**коштати** (нг)	kóštati
kunnen (ww)	**моћи** (нг)	móći
lachen (ww)	**смејати се**	sméjati se
laten vallen (ww)	**испуштати** (пг)	ispúštati
lezen (ww)	**читати** (нг, пг)	čítati
liefhebben (ww)	**волети** (пг)	vóleti
lunchen (ww)	**ручати** (нг)	rúčati
nemen (ww)	**узети** (пг)	úzeti
nodig zijn (ww)	**бити потребан**	bíti pótreban

10. De belangrijkste werkwoorden. Deel 3

onderschatten (ww)	**подцењивати** (пг)	podcenjívati
ondertekenen (ww)	**потписивати** (пг)	potpisívati
ontbijten (ww)	**доручковати** (нг)	dóručkovati
openen (ww)	**отварати** (пг)	otvárati
ophouden (ww)	**прекидати** (пг)	prekídati
opmerken (zien)	**запажати** (пг)	zapážati
opscheppen (ww)	**хвалисати се**	hválisati se
opschrijven (ww)	**записивати** (пг)	zapisívati

plannen (ww)	**планирати** (пг)	planírati
prefereren (verkiezen)	**преферирати** (пг)	preferírati
proberen (trachten)	**пробати** (нг)	próbati
redden (ww)	**спасавати** (пг)	spasávati
rekenen op ...	**рачунати на ...**	računati na ...
rennen (ww)	**трчати** (нг)	tŕčati
reserveren (een hotelkamer ~)	**резервисати** (пг)	rezervísati
roepen (om hulp)	**звати** (пг)	zváti
schieten (ww)	**пуцати** (нг)	púcati
schreeuwen (ww)	**викати** (нг)	víkati
schrijven (ww)	**писати** (пг)	písati
souperen (ww)	**вечерати** (нг)	véčerati
spelen (kinderen)	**играти** (нг)	ígrati
spreken (ww)	**говорити** (нг)	govóriti
stelen (ww)	**красти** (пг)	krásti
stoppen (pauzeren)	**заустављати се**	zaústavljati se
studeren (Nederlands ~)	**студирати** (пг)	studírati
sturen (zenden)	**слати** (пг)	sláti
tellen (optellen)	**рачунати** (пг)	račúnati
toebehoren aan ...	**припадати** (нг)	prípadati
toestaan (ww)	**дозвољавати** (нг, пг)	dozvoljávati
tonen (ww)	**показивати** (пг)	pokazívati
twijfelen (onzeker zijn)	**сумњати** (нг)	súmnjati
uitgaan (ww)	**изаћи** (нг)	ízaći
uitnodigen (ww)	**позивати** (пг)	pozívati
uitspreken (ww)	**изговарати** (пг)	izgovárati
uitvaren tegen (ww)	**грдити** (пг)	gŕditi

11. De belangrijkste werkwoorden. Deel 4

vallen (ww)	**падати** (нг)	pádati
vangen (ww)	**ловити** (пг)	lóviti
veranderen (anders maken)	**променити** (пг)	proméniti
verbaasd zijn (ww)	**чудити се**	čúditi se
verbergen (ww)	**крити** (пг)	kríti
verdedigen (je land ~)	**штитити** (пг)	štítiti
verenigen (ww)	**уједињавати** (пг)	ujedinjávati
vergelijken (ww)	**упоређивати** (пг)	upoređívati
vergeten (ww)	**заборављати** (нг, пг)	zabóravljati
vergeven (ww)	**опраштати** (пг)	opráštati
verklaren (uitleggen)	**објашњавати** (пг)	objašnjávati
verkopen (per stuk ~)	**продавати** (пг)	prodávati
vermelden (praten over)	**спомињати** (пг)	spóminjati
versieren (decoreren)	**украшавати** (пг)	ukrašávati
vertalen (ww)	**преводити** (пг)	prevóditi
vertrouwen (ww)	**веровати** (пг)	vérovati
vervolgen (ww)	**настављати** (пг)	nástavljati

verwarren (met elkaar ~)	**бркати** (пг)	bŕkati
verzoeken (ww)	**молити** (пг)	móliti
verzuimen (school, enz.)	**пропуштати** (пг)	propúštati
vinden (ww)	**наћи** (пг)	náći
vliegen (ww)	**летети** (нг)	léteti
volgen (ww)	**пратити** (пг)	prátiti
voorstellen (ww)	**предлагати** (пг)	predlágati
voorzien (verwachten)	**предвиђати** (пг)	predvíđati
vragen (ww)	**питати** (пг)	pítati
waarnemen (ww)	**посматрати** (нг)	posmátrati
waarschuwen (ww)	**упозоравати** (пг)	upozorávati
wachten (ww)	**чекати** (нг, пг)	čékati
weerspreken (ww)	**приговарати** (нг)	prigovárati
weigeren (ww)	**одбијати се**	odbíjati se
werken (ww)	**радити** (нг)	ráditi
weten (ww)	**знати** (пг)	znáti
willen (verlangen)	**хтети** (пг)	htéti
zeggen (ww)	**рећи** (пг)	réći
zich haasten (ww)	**журити се**	žúriti se
zich interesseren voor …	**интересовати се**	ínteresovati se
zich vergissen (ww)	**грешити** (нг)	gréšiti
zich verontschuldigen	**извињавати се**	izvinjávati se
zien (ww)	**видети** (пг)	vídeti
zoeken (ww)	**тражити** (пг)	trážiti
zwemmen (ww)	**пливати** (нг)	plívati
zwijgen (ww)	**ћутати** (нг)	ćútati

12. Kleuren

kleur (de)	**боја** (ж)	bója
tint (de)	**нијанса** (ж)	nijánsa
kleurnuance (de)	**тон** (м)	ton
regenboog (de)	**дуга** (ж)	dúga
wit (bn)	**бео**	béo
zwart (bn)	**црн**	cŕn
grijs (bn)	**сив**	siv
groen (bn)	**зелен**	zélen
geel (bn)	**жут**	žut
rood (bn)	**црвен**	cŕven
blauw (bn)	**плав**	plav
lichtblauw (bn)	**светло плав**	svétlo plav
roze (bn)	**ружичаст**	rúžičast
oranje (bn)	**наранџаст**	nárandžast
violet (bn)	**љубичаст**	ljúbičast
bruin (bn)	**браон**	bráon
goud (bn)	**златан**	zlátan

zilverkleurig (bn)	**сребрнаст**	srébrnast
beige (bn)	**беж**	bež
roomkleurig (bn)	**боје крем**	bóje krem
turkoois (bn)	**тиркизан**	tírkizan
kersrood (bn)	**боје вишње**	bóje víšnje
lila (bn)	**лила**	líla
karmijnrood (bn)	**боје малине**	bóje máline
licht (bn)	**светао**	svétao
donker (bn)	**таман**	táman
fel (bn)	**јарки**	járki
kleur-, kleurig (bn)	**обојен**	óbojen
kleuren- (abn)	**у боји**	u bóji
zwart-wit (bn)	**црно-бели**	cŕno-béli
eenkleurig (bn)	**једнобојан**	jédnobojan
veelkleurig (bn)	**разнобојан**	ráznobojan

13. Vragen

Wie?	**Ко?**	Ko?
Wat?	**Шта?**	Šta?
Waar?	**Где?**	Gde?
Waarheen?	**Куда?**	Kúda?
Waarvandaan?	**Одакле? Откуд?**	Ódakle? Ótkud?
Wanneer?	**Када?**	Káda?
Waarom?	**Зашто?**	Zášto?
Waarom?	**Зашто?**	Zášto?
Waarvoor dan ook?	**За шта? Због чега?**	Zá šta? Zbog čéga?
Hoe?	**Како?**	Káko?
Wat voor ...?	**Какав?**	Kákav?
Welk?	**Који?**	Kóji?
Aan wie?	**Коме?**	Kóme?
Over wie?	**О коме?**	O kóme?
Waarover?	**О чему?**	O čému?
Met wie?	**Са ким?**	Sa kim?
Hoeveel?	**Колико?**	Kolíko?
Van wie? (mann.)	**Чији?**	Číji?
Van wie? (vrouw.)	**Чија?**	Číja?
Van wie? (mv.)	**Чије?**	Číje?

14. Functiewoorden. Bijwoorden. Deel 1

Waar?	**Где?**	Gde?
hier (bw)	**овде**	óvde
daar (bw)	**тамо**	támo
ergens (bw)	**негде**	négde
nergens (bw)	**нигде**	nígde

bij … (in de buurt)	**код**	kod
bij het raam	**поред прозора**	póred prózora
Waarheen?	**Куда?**	Kúda?
hierheen (bw)	**овамо**	óvamo
daarheen (bw)	**тамо**	támo
hiervandaan (bw)	**одавде**	ódavde
daarvandaan (bw)	**оданде**	ódande
dichtbij (bw)	**близу**	blízu
ver (bw)	**далеко**	daléko
in de buurt (van …)	**близу, у близини**	blízu, u blizíni
dichtbij (bw)	**у близини**	u blízini
niet ver (bw)	**недалеко**	nédaleko
linker (bn)	**леви**	lévi
links (bw)	**слева**	sléva
linksaf, naar links (bw)	**лево**	lévo
rechter (bn)	**десни**	désni
rechts (bw)	**десно**	désno
rechtsaf, naar rechts (bw)	**десно**	désno
vooraan (bw)	**спреда**	spréda
voorste (bn)	**предњи**	prédnji
vooruit (bw)	**напред**	nápred
achter (bw)	**иза**	íza
van achteren (bw)	**отпозади**	otpozádi
achteruit (naar achteren)	**назад, унатраг**	názad, unátrag
midden (het)	**средина** (ж)	sredína
in het midden (bw)	**у средини**	u sredíni
opzij (bw)	**са стране**	sa stráne
overal (bw)	**свуда**	svúda
omheen (bw)	**око**	óko
binnenuit (bw)	**изнутра**	iznútra
naar ergens (bw)	**некуда**	nékuda
rechtdoor (bw)	**право**	právo
terug (bijv. ~ komen)	**назад**	názad
ergens vandaan (bw)	**однекуд**	ódnekud
ergens vandaan (en dit geld moet ~ komen)	**однекуд**	ódnekud
ten eerste (bw)	**прво**	přvo
ten tweede (bw)	**друго**	drúgo
ten derde (bw)	**треће**	tréće
plotseling (bw)	**изненада**	íznenada
in het begin (bw)	**у почетку**	u počétku
voor de eerste keer (bw)	**први пут**	přvi put
lang voor … (bw)	**много пре ...**	mnógo pre ...

opnieuw (bw)	**поново**	pónovo
voor eeuwig (bw)	**заувек**	záuvek
nooit (bw)	**никад**	níkad
weer (bw)	**опет**	ópet
nu (bw)	**сада**	sáda
vaak (bw)	**често**	čésto
toen (bw)	**тада**	táda
urgent (bw)	**хитно**	hítno
meestal (bw)	**обично**	óbično
trouwens, ... (tussen haakjes)	**узгред, ...**	úzgred, ...
mogelijk (bw)	**могуће**	móguće
waarschijnlijk (bw)	**вероватно**	vérovatno
misschien (bw)	**можда**	móžda
trouwens (bw)	**осим тога ...**	ósim tóga ...
daarom ...	**дакле ..., због тога ...**	dákle ..., zbog toga ...
in weerwil van ...	**без обзира на ...**	bez óbzira na ...
dankzij ...	**захваљујући ...**	zahváljujući ...
wat (vn)	**шта**	šta
dat (vw)	**да**	da
iets (vn)	**нешто**	néšto
iets	**нешто**	néšto
niets (vn)	**ништа**	níšta
wie (~ is daar?)	**ко**	ko
iemand (een onbekende)	**неко**	néko
iemand (een bepaald persoon)	**неко**	néko
niemand (vn)	**нико**	níko
nergens (bw)	**никуд**	níkud
niemands (bn)	**ничији**	níčiji
iemands (bn)	**нечији**	néčiji
zo (Ik ben ~ blij)	**тако**	táko
ook (evenals)	**такође**	takóđe
alsook (eveneens)	**такође**	takóđe

15. Functiewoorden. Bijwoorden. Deel 2

Waarom?	**Зашто?**	Zášto?
om een bepaalde reden	**из неког разлога**	iz nékog rázloga
omdat ...	**јер ..., зато што ...**	jer ..., záto što ...
voor een bepaald doel	**из неког разлога**	iz nékog rázloga
en (vw)	**и**	i
of (vw)	**или**	íli
maar (vw)	**али**	áli
voor (vz)	**за**	za
te (~ veel mensen)	**сувише, превише**	súviše, préviše
alleen (bw)	**само**	sámo

precies (bw) **тачно** táčno
ongeveer (~ 10 kg) **око** óko

omstreeks (bw) **приближно** príbližno
bij benadering (bn) **приближан** príbližan
bijna (bw) **скоро** skóro
rest (de) **остало** (c) óstalo

de andere (tweede) **други** drúgi
ander (bn) **други** drúgi
elk (bn) **свак** svak
om het even welk **било који** bílo kóji
veel (grote hoeveelheid) **много** mnógo
veel mensen **многи** mnógi
iedereen (alle personen) **сви** svi

in ruil voor … **у замену за …** u zámenu za …
in ruil (bw) **у замену** u zámenu
met de hand (bw) **ручно** rúčno
onwaarschijnlijk (bw) **тешко да, једва да** téško da, jédva da

waarschijnlijk (bw) **вероватно** vérovatno
met opzet (bw) **намерно** námerno
toevallig (bw) **случајно** slúčajno

zeer (bw) **врло** vŕlo
bijvoorbeeld (bw) **на пример** na prímer
tussen (~ twee steden) **између** ízmeđu
tussen (te midden van) **међу** méđu
zoveel (bw) **толико** tolíko
vooral (bw) **нарочито** náročito

Basisbegrippen Deel 2

16. Tegenovergestelden

rijk (bn)	**богат**	bógat
arm (bn)	**сиромашан**	sirómašan
ziek (bn)	**болестан**	bólestan
gezond (bn)	**здрав**	zdrav
groot (bn)	**велик**	vélik
klein (bn)	**мали**	máli
snel (bw)	**брзо**	bŕzo
langzaam (bw)	**споро**	spóro
snel (bn)	**брз**	bŕz
langzaam (bn)	**спор**	spor
vrolijk (bn)	**весео**	véseo
treurig (bn)	**тужан**	túžan
samen (bw)	**заједно**	zájedno
apart (bw)	**одвојено**	ódvojeno
hardop (~ lezen)	**наглас**	náglas
stil (~ lezen)	**у себи**	u sébi
hoog (bn)	**висок**	vísok
laag (bn)	**низак**	nízak
diep (bn)	**дубок**	dúbok
ondiep (bn)	**плитак**	plítak
ja	**да**	da
nee	**не**	ne
ver (bn)	**далек**	dálek
dicht (bn)	**близак**	blízak
ver (bw)	**далеко**	daléko
dichtbij (bw)	**близу**	blízu
lang (bn)	**дуг, дугачак**	dug, dúgačak
kort (bn)	**кратак**	krátak
vriendelijk (goedhartig)	**добар**	dóbar
kwaad (bn)	**зао**	záo
gehuwd (mann.)	**ожењен**	óženjen

ongehuwd (mann.)	**неожењен**	neóženjen
verbieden (ww)	**забранити** (пг)	zábraniti
toestaan (ww)	**дозволити** (нг, пг)	dozvóliti
einde (het)	**крај** (м)	kraj
begin (het)	**почетак** (м)	počétak
linker (bn)	**леви**	lévi
rechter (bn)	**десни**	désni
eerste (bn)	**први**	pŕvi
laatste (bn)	**последњи**	póslednji
misdaad (de)	**злочин** (м)	zlóčin
bestraffing (de)	**казна** (ж)	kázna
bevelen (ww)	**наредити** (пг)	narédititi
gehoorzamen (ww)	**подчинити се**	podčíniti se
recht (bn)	**прав**	prav
krom (bn)	**крив**	kriv
paradijs (het)	**рај** (м)	raj
hel (de)	**пакао** (м)	pákao
geboren worden (ww)	**родити се**	róditi se
sterven (ww)	**умрети** (нг)	úmreti
sterk (bn)	**снажан**	snážan
zwak (bn)	**слаб**	slab
oud (bn)	**стар**	star
jong (bn)	**млад**	mlad
oud (bn)	**стар**	star
nieuw (bn)	**нов**	nov
hard (bn)	**чврст**	čvŕst
zacht (bn)	**мек, мекан**	mek, mékan
warm (bn)	**топао**	tópao
koud (bn)	**хладан**	hládan
dik (bn)	**дебео**	débeo
dun (bn)	**танак, мршав**	tának, mŕšav
smal (bn)	**узак**	úzak
breed (bn)	**широк**	šírok
goed (bn)	**добар**	dóbar
slecht (bn)	**лош**	loš
moedig (bn)	**храбар**	hrábar
laf (bn)	**кукавички**	kúkavički

17. Dagen van de week

maandag (de)	**понедељак** (м)	ponédeljak
dinsdag (de)	**уторак** (м)	útorak
woensdag (de)	**среда** (ж)	sréda
donderdag (de)	**четвртак** (м)	četvŕtak
vrijdag (de)	**петак** (м)	pétak
zaterdag (de)	**субота** (ж)	súbota
zondag (de)	**недеља** (ж)	nédelja
vandaag (bw)	**данас**	dánas
morgen (bw)	**сутра**	sútra
overmorgen (bw)	**прекосутра**	prékosutra
gisteren (bw)	**јуче**	júče
eergisteren (bw)	**прекјуче**	prékjuče
dag (de)	**дан** (м)	dan
werkdag (de)	**радни дан** (м)	rádni dan
feestdag (de)	**празничан дан** (м)	prázničan dan
verlofdag (de)	**слободан дан** (м)	slóbodan dan
weekend (het)	**викенд** (м)	víkend
de hele dag (bw)	**цео дан**	céo dan
de volgende dag (bw)	**следећег дана, сутра**	slédećeg dána, sútra
twee dagen geleden	**пре два дана**	pre dva dána
aan de vooravond (bw)	**уочи**	úoči
dag-, dagelijks (bn)	**свакодневан**	svákodnevan
elke dag (bw)	**свакодневно**	svákodnevno
week (de)	**недеља** (ж)	nédelja
vorige week (bw)	**прошле недеље**	prošle nédelje
volgende week (bw)	**следеће недеље**	slédeće nédelje
wekelijks (bn)	**недељни**	nédeljni
elke week (bw)	**недељно**	nédeljno
twee keer per week	**два пута недељно**	dva púta nédeljno
elke dinsdag	**сваког уторка**	svákog útorka

18. Uren. Dag en nacht

morgen (de)	**јутро** (с)	jútro
's morgens (bw)	**ујутру**	újutru
middag (de)	**подне** (с)	pódne
's middags (bw)	**поподне**	popódne
avond (de)	**вече** (с)	véče
's avonds (bw)	**увече**	úveče
nacht (de)	**ноћ** (ж)	noć
's nachts (bw)	**ноћу**	nóću
middernacht (de)	**поноћ** (ж)	pónoć
seconde (de)	**секунд** (м)	sékund
minuut (de)	**минут** (ж)	mínut
uur (het)	**сат** (м)	sat

halfuur (het)	**пола сата**	póla sáta
kwartier (het)	**четврт сата**	čétvrt sáta
vijftien minuten	**петнаест минута**	pétnaest minúta
etmaal (het)	**двадесет четири сата**	dvádeset čétiri sáta
zonsopgang (de)	**излазак** (м) **сунца**	ízlazak súnca
dageraad (de)	**свануће** (с)	svanúće
vroege morgen (de)	**рано јутро** (с)	ráno jútro
zonsondergang (de)	**залазак** (м) **сунца**	zálazak súnca
's morgens vroeg (bw)	**рано ујутру**	ráno újutru
vanmorgen (bw)	**јутрос**	jútros
morgenochtend (bw)	**сутра ујутру**	sútra újutru
vanmiddag (bw)	**овог поподнева**	óvog popódneva
's middags (bw)	**поподне**	popódne
morgenmiddag (bw)	**сутра поподне**	sútra popódne
vanavond (bw)	**вечерас**	večéras
morgenavond (bw)	**сутра увече**	sútra úveče
klokslag drie uur	**тачно у три сата**	táčno u tri sáta
ongeveer vier uur	**око четири сата**	óko čétiri sáta
tegen twaalf uur	**до дванаест сати**	do dvánaest sáti
over twintig minuten	**за двадесет минута**	za dvádeset minúta
over een uur	**за сат времена**	za sat vrémena
op tijd (bw)	**навреме**	návreme
kwart voor ...	**четвртина до**	četvŕtina do
binnen een uur	**за сат времена**	za sat vrémena
elk kwartier	**сваких петнаест минута**	svákih pétnaest minúta
de klok rond	**дан и ноћ**	dan i noć

19. Maanden. Seizoenen

januari (de)	**јануар** (м)	jánuar
februari (de)	**фебруар** (м)	fébruar
maart (de)	**март** (м)	mart
april (de)	**април** (м)	ápril
mei (de)	**мај** (м)	maj
juni (de)	**јун, јуни** (м)	jun, júni
juli (de)	**јули** (м)	júli
augustus (de)	**август** (м)	ávgust
september (de)	**септембар** (м)	séptembar
oktober (de)	**октобар** (м)	óktobar
november (de)	**новембар** (м)	nóvembar
december (de)	**децембар** (м)	décembar
lente (de)	**пролеће** (с)	próleće
in de lente (bw)	**у пролеће**	u próleće
lente- (abn)	**пролећни**	prólećni
zomer (de)	**лето** (с)	léto

in de zomer (bw)	**лети**	léti
zomer-, zomers (bn)	**летни**	létni
herfst (de)	**јесен** (ж)	jésen
in de herfst (bw)	**у јесен**	u jésen
herfst- (abn)	**јесењи**	jésenji
winter (de)	**зима** (ж)	zíma
in de winter (bw)	**зими**	zími
winter- (abn)	**зимски**	zímski
maand (de)	**месец** (м)	mésec
deze maand (bw)	**овог месеца**	óvog méseca
volgende maand (bw)	**следећег месеца**	slédećeg méseca
vorige maand (bw)	**прошлог месеца**	próšlog méseca
een maand geleden (bw)	**пре месец дана**	pre mésec dána
over een maand (bw)	**за месец дана**	za mésec dána
over twee maanden (bw)	**за два месеца**	za dva meséca
de hele maand (bw)	**цео месец**	céo mésec
een volle maand (bw)	**цео месец**	céo mésec
maand-, maandelijks (bn)	**месечни**	mésečni
maandelijks (bw)	**месечно**	mésečno
elke maand (bw)	**сваког месеца**	svákog méseca
twee keer per maand	**два пута месечно**	dva púta mésečno
jaar (het)	**година** (ж)	gódina
dit jaar (bw)	**ове године**	óve gódine
volgend jaar (bw)	**следеће године**	slédeće gódine
vorig jaar (bw)	**прошла година**	prόšla gódina
een jaar geleden (bw)	**пре годину дана**	pre gódinu dána
over een jaar	**за годину дана**	za gódinu dána
over twee jaar	**за две године**	za dve gódine
het hele jaar	**цела година**	céla gódina
een vol jaar	**цела година**	céla gódina
elk jaar	**сваке године**	sváke gódine
jaar-, jaarlijks (bn)	**годишњи**	gódišnji
jaarlijks (bw)	**годишње**	gódišnje
4 keer per jaar	**четири пута годишње**	četiri púta gódišnje
datum (de)	**датум** (м)	dátum
datum (de)	**датум** (м)	dátum
kalender (de)	**календар** (м)	kaléndar
een half jaar	**пола године**	póla gódine
zes maanden	**полугодиште** (с)	polugódište
seizoen (bijv. lente, zomer)	**сезона** (ж)	sezóna
eeuw (de)	**век** (м)	vek

20. Tijd. Diversen

tijd (de)	**време** (с)	vréme
ogenblik (het)	**часак, тренутак** (м)	čásak, trenútak

moment (het)	**тренутак** (м)	trenútak
ogenblikkelijk (bn)	**тренутан**	trénutan
tijdsbestek (het)	**раздобље** (с)	rázdoblje
leven (het)	**живот** (м)	žívot
eeuwigheid (de)	**вечност** (ж)	véčnost
epoche (de), tijdperk (het)	**епоха** (ж)	epóha
era (de), tijdperk (het)	**ера** (ж)	éra
cyclus (de)	**циклус** (м)	cíklus
periode (de)	**период** (м)	períod
termijn (vastgestelde periode)	**рок** (м)	rok
toekomst (de)	**будућност** (ж)	budúćnost
toekomstig (bn)	**будући**	búdući
de volgende keer	**следећи пут**	slédeći put
verleden (het)	**прошлост** (ж)	próšlost
vorig (bn)	**прошли**	próšli
de vorige keer	**прошлог пута**	próšlog púta
later (bw)	**касније**	kásnije
na (~ het diner)	**после**	pósle
tegenwoordig (bw)	**сада**	sáda
nu (bw)	**сада**	sáda
onmiddellijk (bw)	**одмах**	ódmah
snel (bw)	**ускоро**	úskoro
bij voorbaat (bw)	**унапред**	unápred
lang geleden (bw)	**одавно**	ódavno
kort geleden (bw)	**недавно**	nédavno
noodlot (het)	**судбина** (ж)	súdbina
herinneringen (mv.)	**сећање** (с)	séćanje
archief (het)	**архив** (м)	árhiv
tijdens … (ten tijde van)	**за време …**	za vréme …
lang (bw)	**дуго**	dúgo
niet lang (bw)	**кратко**	krátko
vroeg (bijv. ~ in de ochtend)	**рано**	ráno
laat (bw)	**касно**	kásno
voor altijd (bw)	**заувек**	záuvek
beginnen (ww)	**почињати** (нг, пг)	póčinjati
uitstellen (ww)	**одгодити** (пг)	odgóditi
tegelijkertijd (bw)	**истовремено**	istóvremeno
voortdurend (bw)	**стално**	stálno
voortdurend	**константан**	konstántan
tijdelijk (bn)	**привремен**	prívremen
soms (bw)	**понекад**	pónekad
zelden (bw)	**ретко**	rétko
vaak (bw)	**често**	čésto

21. Lijnen en vormen

vierkant (het)	**квадрат** (м)	kvádrat
vierkant (bn)	**квадратни**	kvádratni

cirkel (de)	**круг** (м)	krug
rond (bn)	**округли**	ókrugli
driehoek (de)	**троугао** (м)	tróugao
driehoekig (bn)	**троугласти**	tróuglasti
ovaal (het)	**овал** (м)	óval
ovaal (bn)	**овалан**	óvalan
rechthoek (de)	**правоугаоник** (м)	pravougaónik
rechthoekig (bn)	**правоугаони**	pravoúgaoni
piramide (de)	**пирамида** (ж)	piramída
ruit (de)	**ромб** (м)	romb
trapezium (het)	**трапез** (м)	trápez
kubus (de)	**коцка** (ж)	kócka
prisma (het)	**призма** (ж)	prízma
omtrek (de)	**кружница** (ж)	krúžnica
bol, sfeer (de)	**сфера** (ж)	sféra
bal (de)	**кугла** (ж)	kúgla
diameter (de)	**пречник** (м)	préčnik
straal (de)	**полупречник** (м)	polupréčnik
omtrek (~ van een cirkel)	**периметар** (м)	perímetar
middelpunt (het)	**центар** (м)	céntar
horizontaal (bn)	**хоризонталан**	hórizontalan
verticaal (bn)	**вертикалан**	vértikalan
parallel (de)	**паралела** (ж)	paraléla
parallel (bn)	**паралелан**	paralélan
lijn (de)	**линија** (ж)	línija
streep (de)	**црта** (ж)	cŕta
rechte lijn (de)	**права линија** (ж)	práva línija
kromme (de)	**крива** (ж)	kríva
dun (bn)	**танак**	tának
omlijning (de)	**контура** (ж)	kóntura
snijpunt (het)	**пресек** (м)	prések
rechte hoek (de)	**прав угао** (м)	prav úgao
segment (het)	**сегмент** (м)	ségment
sector (de)	**сектор** (м)	séktor
zijde (de)	**страна** (ж)	strána
hoek (de)	**угао** (м)	úgao

22. Meeteenheden

gewicht (het)	**тежина** (ж)	težína
lengte (de)	**дужина** (ж)	dužína
breedte (de)	**ширина** (ж)	širína
hoogte (de)	**висина** (ж)	visína
diepte (de)	**дубина** (ж)	dubína
volume (het)	**запремина** (ж)	zápremina
oppervlakte (de)	**површина** (ж)	póvršina
gram (het)	**грам** (м)	gram
milligram (het)	**милиграм** (м)	míligram

kilogram (het)	**килограм** (м)	kílogram
ton (duizend kilo)	**тона** (ж)	tóna
pond (het)	**фунта** (ж)	fúnta
ons (het)	**унца** (ж)	únca
meter (de)	**метар** (м)	métar
millimeter (de)	**милиметар** (м)	mílimetar
centimeter (de)	**сантиметар** (м)	santimétar
kilometer (de)	**километар** (м)	kílometar
mijl (de)	**миља** (ж)	mílja
duim (de)	**палац** (м)	pálac
voet (de)	**стопа** (ж)	stópa
yard (de)	**јард** (м)	jard
vierkante meter (de)	**квадратни метар** (м)	kvádratni métar
hectare (de)	**хектар** (м)	héktar
liter (de)	**литар** (м)	lítar
graad (de)	**степен** (м)	stépen
volt (de)	**волт** (м)	volt
ampère (de)	**ампер** (м)	ámper
paardenkracht (de)	**коњска снага** (ж)	kónjska snága
hoeveelheid (de)	**количина** (ж)	količína
een beetje …	**мало …**	málo …
helft (de)	**половина** (ж)	polóvina
dozijn (het)	**туце** (с)	túce
stuk (het)	**комад** (м)	kómad
afmeting (de)	**величина** (ж)	veličína
schaal (bijv. ~ van 1 op 50)	**размер** (м)	rázmer
minimaal (bn)	**минималан**	mínimalan
minste (bn)	**најмањи**	nájmanji
medium (bn)	**средњи**	srédnji
maximaal (bn)	**максималан**	máksimalan
grootste (bn)	**највећи**	nájveći

23. Containers

glazen pot (de)	**тегла** (ж)	tégla
blik (conserven~)	**лименка** (ж)	límenka
emmer (de)	**ведро** (с)	védro
ton (bijv. regenton)	**буре** (с)	búre
ronde waterbak (de)	**лавор** (м)	lávor
tank (bijv. watertank-70-ltr)	**резервоар** (м)	rezervóar
heupfles (de)	**чутурица** (ж)	čúturica
jerrycan (de)	**канта** (ж) **за гориво**	kánta za górivo
tank (bijv. ketelwagen)	**цистерна** (ж)	cistérna
beker (de)	**кригла** (ж)	krígla
kopje (het)	**шоља** (ж)	šólja

schoteltje (het)	**тацна** (ж)	tácna
glas (het)	**чаша** (ж)	čáša
wijnglas (het)	**чаша** (ж) **за вино**	čáša za víno
pan (de)	**шерпа** (ж), **лонац** (м)	šerpa, lónac
fles (de)	**боца, флаша** (ж)	bóca, fláša
flessenhals (de)	**врат** (м)	vrat
karaf (de)	**бокал** (м)	bókal
kruik (de)	**крчаг** (м)	kŕčag
vat (het)	**суд** (м)	sud
pot (de)	**лонац** (м)	lónac
vaas (de)	**ваза** (ж)	váza
flacon (de)	**боца** (ж)	bóca
flesje (het)	**бочица** (ж)	bóčica
tube (bijv. ~ tandpasta)	**туба** (ж)	túba
zak (bijv. ~ aardappelen)	**џак** (м)	džak
tasje (het)	**кеса** (ж)	késa
pakje (~ sigaretten, enz.)	**паковање** (с)	pákovanje
doos (de)	**кутија** (ж)	kútija
kist (de)	**сандук** (м)	sánduk
mand (de)	**корпа** (ж)	kórpa

24. Materialen

materiaal (het)	**материјал** (м)	materíjal
hout (het)	**дрво** (с)	dŕvo
houten (bn)	**дрвен**	dŕven
glas (het)	**стакло** (с)	stáklo
glazen (bn)	**стаклен**	stáklen
steen (de)	**камен** (м)	kámen
stenen (bn)	**камени**	kámeni
plastic (het)	**пластика** (ж)	plástika
plastic (bn)	**пластичан**	plástičan
rubber (het)	**гума** (ж)	gúma
rubber-, rubberen (bn)	**гумен**	gúmen
stof (de)	**тканина** (ж)	tkánina
van stof (bn)	**од тканине**	od tkaníne
papier (het)	**папир** (м)	pápir
papieren (bn)	**папирни**	pápirni
karton (het)	**картон** (м)	kárton
kartonnen (bn)	**картонски**	kártonski
polyethyleen (het)	**полиетилен** (м)	poliétilen
cellofaan (het)	**целофан** (м)	celófan

multiplex (het)	**шперплоча** (ж)	špérploča
porselein (het)	**порцелан** (м)	porcélan
porseleinen (bn)	**порцелански**	porcélanski
klei (de)	**глина** (ж)	glína
klei-, van klei (bn)	**глинени**	glíneni
keramiek (de)	**керамика** (ж)	kerámika
keramieken (bn)	**керамички**	kerámički

25. Metalen

metaal (het)	**метал** (м)	métal
metalen (bn)	**металан**	métalan
legering (de)	**легура** (ж)	legúra
goud (het)	**злато** (с)	zláto
gouden (bn)	**златан**	zlátan
zilver (het)	**сребро** (с)	srébro
zilveren (bn)	**сребрен**	srébren
ijzer (het)	**гвожђе** (с)	gvóžđe
ijzeren	**гвозден**	gvózden
staal (het)	**челик** (м)	čélik
stalen (bn)	**челични**	čélični
koper (het)	**бакар** (м)	bákar
koperen (bn)	**бакарни, бакрени**	bákarni, bákreni
aluminium (het)	**алуминијум** (м)	alumínijum
aluminium (bn)	**алуминијумски**	alumínijumski
brons (het)	**бронза** (ж)	brónza
bronzen (bn)	**бронзан**	brónzan
messing (het)	**месинг** (м), **мјед** (ж)	mésing, mjed
nikkel (het)	**никл** (м)	nikl
platina (het)	**платина** (ж)	plátina
kwik (het)	**жива** (ж)	žíva
tin (het)	**калај** (м)	kálaj
lood (het)	**олово** (с)	ólovo
zink (het)	**цинк** (м)	cink

MENS

Mens. Het lichaam

26. Mensen. Basisbegrippen

mens (de)	**човек** (м)	čóvek
man (de)	**мушкарац** (м)	muškárac
vrouw (de)	**жена** (ж)	žéna
kind (het)	**дете** (с)	déte
meisje (het)	**девојчица** (ж)	devójčica
jongen (de)	**дечак** (м)	déčak
tiener, adolescent (de)	**тинејџер** (м)	tinéjdžer
oude man (de)	**старац** (м)	stárac
oude vrouw (de)	**старица** (ж)	stárica

27. Menselijke anatomie

organisme (het)	**организам** (м)	organízam
hart (het)	**срце** (с)	sŕce
bloed (het)	**крв** (ж)	kŕv
slagader (de)	**артерија** (ж)	árterija
ader (de)	**вена** (ж)	véna
hersenen (mv.)	**мозак** (м)	mózak
zenuw (de)	**живац** (м)	žívac
zenuwen (mv.)	**живци** (мн)	žívci
wervel (de)	**кичмени пршљен** (м)	kíčmeni pŕšljen
ruggengraat (de)	**кичма** (ж)	kíčma
maag (de)	**желудац** (м)	žéludac
darmen (mv.)	**црева** (мн)	créva
darm (de)	**црево** (с)	crévo
lever (de)	**јетра** (ж)	jétra
nier (de)	**бубрег** (м)	búbreg
been (deel van het skelet)	**кост** (ж)	kost
skelet (het)	**костур** (м)	kóstur
rib (de)	**ребро** (с)	rébro
schedel (de)	**лобања** (ж)	lóbanja
spier (de)	**мишић** (м)	míšić
biceps (de)	**бицепс** (м)	bíceps
triceps (de)	**трицепс** (м)	tríceps
pees (de)	**тетива** (ж)	tetíva
gewricht (het)	**зглоб** (м)	zglob

longen (mv.)	**плућа** (мн)	plúća
geslachtsorganen (mv.)	**полни органи** (мн)	pólni orgáni
huid (de)	**кожа** (ж)	kóža

28. Hoofd

hoofd (het)	**глава** (ж)	gláva
gezicht (het)	**лице** (с)	líce
neus (de)	**нос** (м)	nos
mond (de)	**уста** (мн)	ústa
oog (het)	**око** (с)	óko
ogen (mv.)	**очи** (мн)	óči
pupil (de)	**зеница** (ж)	zénica
wenkbrauw (de)	**обрва** (ж)	óbrva
wimper (de)	**трепавица** (ж)	trépavica
ooglid (het)	**капак** (м), **веђа** (ж)	kápak, véđa
tong (de)	**језик** (м)	jézik
tand (de)	**зуб** (м)	zub
lippen (mv.)	**усне** (мн)	úsne
jukbeenderen (mv.)	**јагодице** (мн)	jágodice
tandvlees (het)	**десни** (мн)	désni
gehemelte (het)	**непце** (с)	népce
neusgaten (mv.)	**ноздрве** (мн)	nózdrve
kin (de)	**брада** (ж)	bráda
kaak (de)	**вилица** (ж)	vílica
wang (de)	**образ** (м)	óbraz
voorhoofd (het)	**чело** (с)	čélo
slaap (de)	**слепоочница** (ж)	slepoóčnica
oor (het)	**ухо** (с)	úho
achterhoofd (het)	**потиљак** (м)	pótiljak
hals (de)	**врат** (м)	vrat
keel (de)	**грло** (с)	gŕlo
haren (mv.)	**коса** (ж)	kósa
kapsel (het)	**фризура** (ж)	frizúra
haarsnit (de)	**фризура** (ж)	frizúra
pruik (de)	**перика** (ж)	périka
snor (de)	**бркови** (мн)	bŕkovi
baard (de)	**брада** (ж)	bráda
dragen (een baard, enz.)	**носити** (пг)	nósiti
vlecht (de)	**плетеница** (ж)	pleténica
bakkebaarden (mv.)	**зулуфи** (мн)	zulúfi
ros (roodachtig, rossig)	**риђ**	riđ
grijs (~ haar)	**сед**	sed
kaal (bn)	**ћелав**	ćélav
kale plek (de)	**ћела** (ж)	ćéla
paardenstaart (de)	**реп** (м)	rep
pony (de)	**шишке** (мн)	šíške

29. Menselijk lichaam

hand (de)	**шака** (ж)	šáka
arm (de)	**рука** (ж)	rúka
vinger (de)	**прст** (м)	pŕst
teen (de)	**ножни прст** (м)	nóžni pŕst
duim (de)	**палац** (м)	pálac
pink (de)	**мали прст** (м)	máli pŕst
nagel (de)	**нокат** (м)	nókat
vuist (de)	**песница** (ж)	pésnica
handpalm (de)	**длан** (м)	dlan
pols (de)	**зглоб** (м), **запешће** (с)	zglob, zápešće
voorarm (de)	**подлактица** (ж)	pódlaktica
elleboog (de)	**лакат** (м)	lákat
schouder (de)	**раме** (с)	ráme
been (rechter ~)	**нога** (ж)	nóga
voet (de)	**стопало** (с)	stópalo
knie (de)	**колено** (с)	kóleno
kuit (de)	**лист** (м)	list
heup (de)	**кук** (м)	kuk
hiel (de)	**пета** (ж)	péta
lichaam (het)	**тело** (с)	télo
buik (de)	**трбух** (м)	tŕbuh
borst (de)	**прса** (мн)	pŕsa
borst (de)	**груди** (мн)	grúdi
zijde (de)	**бок** (м)	bok
rug (de)	**леђа** (мн)	léđa
lage rug (de)	**крста** (ж)	kŕsta
taille (de)	**струк** (м)	struk
navel (de)	**пупак** (м)	púpak
billen (mv.)	**стражњица** (ж)	strážnjica
achterwerk (het)	**задњица** (ж)	zádnjica
huidvlek (de)	**младеж** (м)	mládež
moedervlek (de)	**белег, младеж** (м)	béleg, mládež
tatoeage (de)	**тетоважа** (ж)	tetováža
litteken (het)	**ожиљак** (м)	óžiljak

Kleding en accessoires

30. Bovenkleding. Jassen

kleren (mv.)	**одећа** (ж)	ódeća
bovenkleding (de)	**горња одећа** (ж)	górnja ódeća
winterkleding (de)	**зимска одећа** (ж)	zímska ódeća
jas (de)	**капут** (м)	káput
bontjas (de)	**бунда** (ж)	búnda
bontjasje (het)	**кратка бунда** (ж)	krátka búnda
donzen jas (de)	**перјана јакна** (ж)	pérjana jákna
jasje (bijv. een leren ~)	**јакна** (ж)	jákna
regenjas (de)	**кишни мантил** (м)	kíšni mántil
waterdicht (bn)	**водоотпоран**	vodoótporan

31. Heren & dames kleding

overhemd (het)	**кошуља** (ж)	kóšulja
broek (de)	**панталоне** (мн)	pantalóne
jeans (de)	**фармерке** (мн)	fármerke
colbert (de)	**сако** (м)	sáko
kostuum (het)	**одело** (с)	odélo
jurk (de)	**хаљина** (ж)	háljina
rok (de)	**сукња** (ж)	súknja
blouse (de)	**блуза** (ж)	blúza
wollen vest (de)	**џемпер** (м)	džémper
blazer (kort jasje)	**жакет** (м)	žáket
T-shirt (het)	**мајица** (ж)	májica
shorts (mv.)	**шорц, шортс** (м)	šorc, šorts
trainingspak (het)	**спортски костим** (м)	spórtski kóstim
badjas (de)	**баде мантил** (м)	báde mántil
pyjama (de)	**пиџама** (ж)	pidžáma
sweater (de)	**џемпер** (м)	džémper
pullover (de)	**пуловер** (м)	pulóver
gilet (het)	**прслук** (м)	pŕsluk
rokkostuum (het)	**фрак** (м)	frak
smoking (de)	**смокинг** (м)	smóking
uniform (het)	**униформа** (ж)	úniforma
werkkleding (de)	**радна одећа** (ж)	rádna ódeća
overall (de)	**комбинезон** (м)	kombinézon
doktersjas (de)	**мантил** (м)	mántil

32. Kleding. Ondergoed

ondergoed (het)	**доње рубље** (с)	dónje rúblje
herenslip (de)	**мушке гаће** (мн)	múške gáće
slipjes (mv.)	**гаћице** (мн)	gáćice
onderhemd (het)	**мајица** (ж)	májica
sokken (mv.)	**чарапе** (мн)	čárape
nachthemd (het)	**спаваћица** (ж)	spavácica
beha (de)	**грудњак** (м)	grúdnjak
kniekousen (mv.)	**доколенице** (мн)	dokolénice
panty (de)	**хулахопке** (мн)	húlahopke
nylonkousen (mv.)	**чарапе** (мн)	čárape
badpak (het)	**купаћи костим** (м)	kúpaći kóstim

33. Hoofddeksels

hoed (de)	**капа** (ж)	kápa
deukhoed (de)	**шешир** (м)	šéšir
honkbalpet (de)	**бејзбол качкет** (м)	béjzbol káčket
kleppet (de)	**енглеска капа** (ж), **качкет** (м)	éngleska kápa, káčket
baret (de)	**берета, беретка** (ж)	beréta, beretka
kap (de)	**капуљача** (ж)	kapúljača
panamahoed (de)	**панама-шешир** (м)	panáma-šéšir
gebreide muts (de)	**плетена капа** (ж)	plétena kápa
hoofddoek (de)	**марама** (ж)	márama
dameshoed (de)	**женски шешир** (м)	žénski šéšir
veiligheidshelm (de)	**кацига** (ж), **шлем** (м)	káciga, šlem
veldmuts (de)	**титовка** (ж)	títovka
helm, valhelm (de)	**шлем** (м)	šlem
bolhoed (de)	**полуцилиндар** (м)	pólucilindar
hoge hoed (de)	**цилиндар** (м)	cilíndar

34. Schoeisel

schoeisel (het)	**обућа** (ж)	óbuća
schoenen (mv.)	**ципеле** (мн)	cípele
vrouwenschoenen (mv.)	**ципеле** (мн)	cípele
laarzen (mv.)	**чизме** (мн)	čízme
pantoffels (mv.)	**папуче** (мн)	pápuče
sportschoenen (mv.)	**патике** (мн)	pátike
sneakers (mv.)	**патике** (мн)	pátike
sandalen (mv.)	**сандале** (мн)	sandále
schoenlapper (de)	**обућар** (м)	óbućar
hiel (de)	**потпетица** (ж)	pótpetica

paar (een ~ schoenen)	**пар** (м)	par
veter (de)	**пертла** (ж)	pértla
rijgen (schoenen ~)	**шнирати** (пг)	šnírati
schoenlepel (de)	**кашика** (ж) **за ципеле**	kášika za cípele
schoensmeer (de/het)	**крема** (ж) **за обућу**	kréma za óbuću

35. Textiel. Weefsel

katoen (de/het)	**памук** (м)	pámuk
katoenen (bn)	**памучан**	pámučan
vlas (het)	**лан** (м)	lan
vlas-, van vlas (bn)	**од лана**	od lána
zijde (de)	**свила** (ж)	svíla
zijden (bn)	**свилен**	svílen
wol (de)	**вуна** (ж)	vúna
wollen (bn)	**вунен**	vúnen
fluweel (het)	**плиш, сомот** (м)	pliš, sómot
suède (de)	**антилоп** (м)	ántilop
ribfluweel (het)	**сомот** (м)	sómot
nylon (de/het)	**најлон** (м)	nájlon
nylon-, van nylon (bn)	**од најлона**	od nájlona
polyester (het)	**полиестер** (м)	poliéster
polyester- (abn)	**од полиестра**	od poliéstra
leer (het)	**кожа** (ж)	kóža
leren (van leer gemaak)	**од коже**	od kóže
bont (het)	**крзно** (с)	kŕzno
bont- (abn)	**крзнени**	kŕzneni

36. Persoonlijke accessoires

handschoenen (mv.)	**рукавице** (мн)	rukávice
wanten (mv.)	**рукавице** (мн) **с једним прстом**	rukávice s jednim prstom
sjaal (fleece ~)	**шал** (м)	šal
bril (de)	**наочаре** (мн)	náočare
brilmontuur (het)	**оквир** (м)	ókvir
paraplu (de)	**кишобран** (м)	kíšobran
wandelstok (de)	**штап** (м)	štap
haarborstel (de)	**четка** (ж) **за косу**	čétka za kósu
waaier (de)	**лепеза** (ж)	lepéza
das (de)	**кравата** (ж)	kraváta
strikje (het)	**лептир машна** (ж)	léptir mášna
bretels (mv.)	**трегери** (мн)	trégeri
zakdoek (de)	**џепна марамица** (ж)	džépna máramica
kam (de)	**чешаљ** (м)	čéšalj
haarspeldje (het)	**шнала** (ж)	šnála

schuifspeldje (het)	**укосница** (ж)	úkosnica
gesp (de)	**копча** (ж)	kópča
broekriem (de)	**каиш** (м)	káiš
draagriem (de)	**каиш** (м)	káiš
handtas (de)	**торба** (ж)	tórba
damestas (de)	**ташна** (ж)	tášna
rugzak (de)	**ранац** (м)	ránac

37. Kleding. Diversen

mode (de)	**мода** (ж)	móda
de mode (bn)	**модеран**	móderan
kledingstilist (de)	**модни креатор** (м)	módni kreátor
kraag (de)	**овратник** (м)	óvratnik
zak (de)	**џеп** (м)	džep
zak- (abn)	**џепни**	džépni
mouw (de)	**рукав** (м)	rúkav
lusje (het)	**вешалица** (ж)	véšalica
gulp (de)	**шлиц** (м)	šlic
rits (de)	**рајсфершлус** (м)	rájsferšlus
sluiting (de)	**копча** (ж)	kópča
knoop (de)	**дугме** (с)	dúgme
knoopsgat (het)	**рупица** (ж)	rúpica
losraken (bijv. knopen)	**откинути се**	ótkinuti se
naaien (kleren, enz.)	**шити** (нг, пг)	šíti
borduren (ww)	**вести** (нг, пг)	vésti
borduursel (het)	**вез** (м)	vez
naald (de)	**игла** (ж)	ígla
draad (de)	**конац** (м)	kónac
naad (de)	**шав** (м)	šav
vies worden (ww)	**испрљати се**	ispŕljati se
vlek (de)	**мрља** (ж)	mŕlja
gekreukt raken (ov. kleren)	**изгужвати се**	izgúžvati se
scheuren (ov.ww.)	**цепати** (пг)	cépati
mot (de)	**мољац** (м)	móljac

38. Persoonlijke verzorging. Schoonheidsmiddelen

tandpasta (de)	**паста** (ж) **за зубе**	pásta za zúbe
tandenborstel (de)	**четкица** (ж) **за зубе**	čétkica za zúbe
tanden poetsen (ww)	**прати зубе**	práti zúbe
scheermes (het)	**бријач** (м)	bríjač
scheerschuim (het)	**крема** (ж) **за бријање**	kréma za bríjanje
zich scheren (ww)	**бријати се**	bríjati se
zeep (de)	**сапун** (м)	sápun

shampoo (de)	**шампон** (м)	šámpon
schaar (de)	**маказе** (мн)	mákaze
nagelvijl (de)	**турпија** (ж) **за нокте**	túrpija za nokte
nagelknipper (de)	**грицкалица** (ж) **за нокте**	gríckalica za nókte
pincet (het)	**пинцета** (ж)	pincéta
cosmetica (mv.)	**козметика** (ж)	kozmétika
masker (het)	**маска** (ж)	máska
manicure (de)	**маникир** (м)	mánikir
manicure doen	**радити маникир**	ráditi mánikir
pedicure (de)	**педикир** (м)	pédikir
cosmetica tasje (het)	**козметичка торбица** (ж)	kozmétička tórbica
poeder (de/het)	**пудер** (м)	púder
poederdoos (de)	**пудријера** (ж)	pudrijéra
rouge (de)	**руменило** (с)	ruménilo
parfum (de/het)	**парфем** (м)	párfem
eau de toilet (de)	**тоалетна вода** (ж)	tóaletna vóda
lotion (de)	**лосион** (м)	lósion
eau de cologne (de)	**колоњска вода** (ж)	kólonjska vóda
oogschaduw (de)	**сенка** (ж) **за очи**	sénka za óči
oogpotlood (het)	**оловка** (ж) **за очи**	ólovka za óči
mascara (de)	**маскара** (ж)	máskara
lippenstift (de)	**кармин** (м)	kármin
nagellak (de)	**лак** (м) **за нокте**	lak za nókte
haarlak (de)	**лак** (м) **за косу**	lak za kósu
deodorant (de)	**дезодоранс** (м)	dezodórans
crème (de)	**крема** (ж)	kréma
gezichtscrème (de)	**крема** (ж) **за лице**	kréma za líce
handcrème (de)	**крема** (ж) **за руке**	kréma za rúke
antirimpelcrème (de)	**крема** (ж) **против бора**	kréma prótiv bóra
dagcrème (de)	**дневна крема** (ж)	dnévna kréma
nachtcrème (de)	**ноћна крема** (ж)	nóćna kréma
dag- (abn)	**дневни**	dnévni
nacht- (abn)	**ноћни**	nóćni
tampon (de)	**тампон** (м)	támpon
toiletpapier (het)	**тоалет-папир** (м)	toálet-pápir
föhn (de)	**фен** (м)	fen

39. Juwelen

sieraden (mv.)	**накит** (м)	nákit
edel (bijv. ~ stenen)	**драгоцен**	dragócen
keurmerk (het)	**жиг** (м)	žig
ring (de)	**прстен** (м)	pŕsten
trouwring (de)	**бурма** (ж)	búrma
armband (de)	**наруквица** (ж)	nárukvica
oorringen (mv.)	**минђуше** (мн)	mínđuše

halssnoer (het)	**огрлица** (ж)	ógrlica
kroon (de)	**круна** (ж)	krúna
kralen snoer (het)	**огрлица** (ж) **од перли**	ógrlica od pérli
diamant (de)	**дијамант** (м)	dijámant
smaragd (de)	**смарагд** (м)	smáragd
robijn (de)	**рубин** (м)	rúbin
saffier (de)	**сафир** (м)	sáfir
parel (de)	**бисер** (м)	bíser
barnsteen (de)	**ћилибар** (м)	ćilíbar

40. Horloges. Klokken

polshorloge (het)	**сат** (м)	sat
wijzerplaat (de)	**бројчаник** (м)	brojčánik
wijzer (de)	**казаљка** (ж)	kázaljka
metalen horlogeband (de)	**наруквица** (ж)	nárukvica
horlogebandje (het)	**каиш** (м) **за сат**	káiš za sat
batterij (de)	**батерија** (ж)	báterija
leeg zijn (ww)	**испразнити се**	isprázniti se
batterij vervangen	**заменити батерију**	zaméniti batériju
voorlopen (ww)	**журити** (нг)	žúriti
achterlopen (ww)	**заостајати** (нг)	zaóstajati
wandklok (de)	**зидни сат** (м)	zídni sat
zandloper (de)	**пешчани сат** (м)	péščani sat
zonnewijzer (de)	**сунчани сат** (м)	súnčani sat
wekker (de)	**будилник** (м)	búdilnik
horlogemaker (de)	**часовничар** (м)	čásovničar
repareren (ww)	**поправљати** (пг)	pópravljati

Voedsel. Voeding

41. Voedsel

vlees (het)	**месо** (с)	méso
kip (de)	**пилетина, кокош** (ж)	píletina, kokoš
kuiken (het)	**пиле** (с)	píle
eend (de)	**патка** (ж)	pátka
gans (de)	**гуска** (ж)	gúska
wild (het)	**дивљач** (ж)	dívljač
kalkoen (de)	**ћуретина** (ж)	ćurétina
varkensvlees (het)	**свињетина** (ж)	svínjetina
kalfsvlees (het)	**телетина** (ж)	téletina
schapenvlees (het)	**јагњетина** (ж)	jágnjetina
rundvlees (het)	**говедина** (ж)	góvedina
konijnenvlees (het)	**зец** (м)	zec
worst (de)	**кобасица** (ж)	kobásica
saucijs (de)	**виршла** (ж)	víršla
spek (het)	**сланина** (ж)	slánina
ham (de)	**шунка** (ж)	šúnka
gerookte achterham (de)	**шунка** (ж)	šúnka
paté (de)	**паштета** (ж)	paštéta
lever (de)	**џигерица** (ж)	džígerica
gehakt (het)	**млевено месо** (с)	mléveno méso
tong (de)	**језик** (м)	jézik
ei (het)	**јаје** (с)	jáje
eieren (mv.)	**јаја** (мн)	jája
eiwit (het)	**беланце** (с)	belánce
eigeel (het)	**жуманце** (с)	žumánce
vis (de)	**риба** (ж)	ríba
zeevruchten (mv.)	**морски плодови** (мн)	mórski plódovi
schaaldieren (mv.)	**ракови** (мн)	rákovi
kaviaar (de)	**кавијар** (м)	kávijar
krab (de)	**краба** (ж)	krába
garnaal (de)	**шкамп** (м)	škamp
oester (de)	**острига** (ж)	óstriga
langoest (de)	**јастог** (м)	jástog
octopus (de)	**хоботница** (ж)	hóbotnica
inktvis (de)	**лигња** (ж)	lígnja
steur (de)	**јесетра** (ж)	jésetra
zalm (de)	**лосос** (м)	lósos
heilbot (de)	**пацифички лист** (м)	pacífički list
kabeljauw (de)	**бакалар** (м)	bakálar

makreel (de)	**скуша** (ж)	skúša
tonijn (de)	**туњевина** (ж)	túnjevina
paling (de)	**јегуља** (ж)	jégulja
forel (de)	**пастрмка** (ж)	pástrmka
sardine (de)	**сардина** (ж)	sardína
snoek (de)	**штука** (ж)	štúka
haring (de)	**харинга** (ж)	háringa
brood (het)	**хлеб** (м)	hleb
kaas (de)	**сир** (м)	sir
suiker (de)	**шећер** (м)	šéćer
zout (het)	**со** (ж)	so
rijst (de)	**пиринач** (м)	pírinač
pasta (de)	**макарони** (мн)	mákaroni
noedels (mv.)	**резанци** (мн)	rezánci
boter (de)	**маслац** (м)	máslac
plantaardige olie (de)	**зејтин** (м)	zéjtin
zonnebloemolie (de)	**сунцокретово уље** (с)	súncokretovo úlje
margarine (de)	**маргарин** (м)	margárin
olijven (mv.)	**маслине** (мн)	másline
olijfolie (de)	**маслиново уље** (с)	máslinovo úlje
melk (de)	**млеко** (с)	mléko
gecondenseerde melk (de)	**кондензовано млеко** (с)	kondenzóvano mléko
yoghurt (de)	**јогурт** (м)	jógurt
zure room (de)	**кисела павлака** (ж)	kísela pávlaka
room (de)	**павлака** (ж)	pávlaka
mayonaise (de)	**мајонез** (м), **мајонеза** (ж)	majonéz, majonéza
crème (de)	**крем** (м)	krem
graan (het)	**житарице** (мн)	žitárice
meel (het), bloem (de)	**брашно** (с)	brášno
conserven (mv.)	**конзерве** (мн)	konzérve
maïsvlokken (mv.)	**кукурузне пахуљице** (мн)	kukúruzne pahúljice
honing (de)	**мед** (м)	med
jam (de)	**џем** (м), **мармелада** (ж)	džem, marmeláda
kauwgom (de)	**гума** (ж) **за жвакање**	gúma za žvákanje

42. Drankjes

water (het)	**вода** (ж)	vóda
drinkwater (het)	**питка вода** (ж)	pítka vóda
mineraalwater (het)	**кисела вода** (ж)	kísela vóda
zonder gas	**негазиран**	negazíran
koolzuurhoudend (bn)	**gazíran**	gazíran
bruisend (bn)	**газиран**	gazíran
ijs (het)	**лед** (м)	led

met ijs	**са ледом**	sa lédom
alcohol vrij (bn)	**безалкохолан**	bézalkoholan
alcohol vrije drank (de)	**безалкохолно пиће** (с)	bézalkoholno píće
frisdrank (de)	**освежавајући напитак** (м)	osvežávajući nápitak
limonade (de)	**лимунада** (ж)	limunáda
alcoholische dranken (mv.)	**алкохолна пића** (мн)	álkoholna píća
wijn (de)	**вино** (с)	víno
witte wijn (de)	**бело вино** (с)	bélo víno
rode wijn (de)	**црно вино** (с)	cŕno víno
likeur (de)	**ликер** (м)	líker
champagne (de)	**шампањац** (м)	šampánjac
vermout (de)	**вермут** (м)	vérmut
whisky (de)	**виски** (м)	víski
wodka (de)	**вотка** (ж)	vótka
gin (de)	**џин** (м)	džin
cognac (de)	**коњак** (м)	kónjak
rum (de)	**рум** (м)	rum
koffie (de)	**кафа** (ж)	káfa
zwarte koffie (de)	**црна кафа** (ж)	cŕna káfa
koffie (de) met melk	**кафа** (ж) **са млеком**	káfa sa mlékom
cappuccino (de)	**капучино** (м)	kapučíno
oploskoffie (de)	**инстант кафа** (ж)	ínstant káfa
melk (de)	**млеко** (с)	mléko
cocktail (de)	**коктел** (м)	kóktel
milkshake (de)	**милкшејк** (м)	mílkšejk
sap (het)	**сок** (м)	sok
tomatensap (het)	**сок** (м) **од парадајза**	sok od parádajza
sinaasappelsap (het)	**сок** (м) **од наранџе**	sok od nárandže
vers geperst sap (het)	**свеже цеђени сок** (м)	svéže céđeni sok
bier (het)	**пиво** (с)	pívo
licht bier (het)	**светло пиво** (с)	svétlo pívo
donker bier (het)	**тамно пиво** (с)	támno pívo
thee (de)	**чај** (м)	čaj
zwarte thee (de)	**црни чај** (м)	cŕni čaj
groene thee (de)	**зелени чај** (м)	zéleni čaj

43. Groenten

groenten (mv.)	**поврће** (с)	póvrće
verse kruiden (mv.)	**зелен** (ж)	zélen
tomaat (de)	**парадајз** (м)	parádajz
augurk (de)	**краставац** (м)	krástavac
wortel (de)	**шаргарепа** (ж)	šargarépa
aardappel (de)	**кромпир** (м)	krómpir
ui (de)	**црни лук** (м)	cŕni luk

knoflook (de)	**бели лук** (м)	béli luk
kool (de)	**купус** (м)	kúpus
bloemkool (de)	**карфиол** (м)	karfíol
spruitkool (de)	**прокељ** (м)	prókelj
broccoli (de)	**брокуле** (мн)	brókule
rode biet (de)	**цвекла** (ж)	cvékla
aubergine (de)	**патлиџан** (м)	patlidžán
courgette (de)	**тиквица** (ж)	tíkvica
pompoen (de)	**тиква** (ж)	tíkva
raap (de)	**репа** (ж)	répa
peterselie (de)	**першун** (м)	péršun
dille (de)	**мирођија** (ж)	miróđija
sla (de)	**зелена салата** (ж)	zélena saláta
selderij (de)	**целер** (м)	céler
asperge (de)	**шпаргла** (ж)	špárgla
spinazie (de)	**спанаћ** (м)	spánać
erwt (de)	**грашак** (м)	grášak
bonen (mv.)	**махунарке** (мн)	mahúnarke
maïs (de)	**кукуруз** (м)	kukúruz
nierboon (de)	**пасуљ** (м)	pásulj
peper (de)	**паприка** (ж)	páprika
radijs (de)	**ротквица** (ж)	rótkvica
artisjok (de)	**артичока** (ж)	artičóka

44. Vruchten. Noten

vrucht (de)	**воће** (с)	vóće
appel (de)	**јабука** (ж)	jábuka
peer (de)	**крушка** (ж)	krúška
citroen (de)	**лимун** (м)	límun
sinaasappel (de)	**наранџа** (ж)	nárandža
aardbei (de)	**јагода** (ж)	jágoda
mandarijn (de)	**мандарина** (ж)	mandarína
pruim (de)	**шљива** (ж)	šljíva
perzik (de)	**бресква** (ж)	bréskva
abrikoos (de)	**кајсија** (ж)	kájsija
framboos (de)	**малина** (ж)	málina
ananas (de)	**ананас** (м)	ánanas
banaan (de)	**банана** (ж)	banána
watermeloen (de)	**лубеница** (ж)	lubénica
druif (de)	**грожђе** (с)	gróžđe
zure kers (de)	**вишња** (ж)	víšnja
zoete kers (de)	**трешња** (ж)	tréšnja
meloen (de)	**диња** (ж)	dínja
grapefruit (de)	**грејпфрут** (м)	gréjpfrut
avocado (de)	**авокадо** (м)	avokádo
papaja (de)	**папаја** (ж)	papája

mango (de)	**манго** (м)	mángo
granaatappel (de)	**нар** (м)	nar
rode bes (de)	**црвена рибизла** (ж)	crvéna ríbizla
zwarte bes (de)	**црна рибизла** (ж)	cŕna ríbizla
kruisbes (de)	**огрозд** (м)	ógrozd
blauwe bosbes (de)	**боровница** (ж)	boróvnica
braambes (de)	**купина** (ж)	kupína
rozijn (de)	**суво грожђе** (с)	súvo gróžđe
vijg (de)	**смоква** (ж)	smókva
dadel (de)	**урма** (ж)	úrma
pinda (de)	**кикирики** (м)	kikiríki
amandel (de)	**бадем** (м)	bádem
walnoot (de)	**орах** (м)	órah
hazelnoot (de)	**лешник** (м)	léšnik
kokosnoot (de)	**кокосов орах** (м)	kókosov órah
pistaches (mv.)	**пистаћи** (мн)	pistáći

45. Brood. Snoep

suikerbakkerij (de)	**посластице** (мн)	póslastice
brood (het)	**хлеб** (м)	hleb
koekje (het)	**колачић** (м)	koláčić
chocolade (de)	**чоколада** (ж)	čokoláda
chocolade- (abn)	**чоколадни**	čókoladni
snoepje (het)	**бомбона** (ж)	bombóna
cakeje (het)	**колач** (м)	kólač
taart (bijv. verjaardags~)	**торта** (ж)	tórta
pastei (de)	**пита** (ж)	píta
vulling (de)	**надев** (м)	nádev
confituur (de)	**слатко** (с)	slátko
marmelade (de)	**мармелада** (ж)	marmeláda
wafel (de)	**облатне** (мн)	óblatne
ijsje (het)	**сладолед** (м)	sládoled
pudding (de)	**пудинг** (м)	púding

46. Bereide gerechten

gerecht (het)	**јело** (с)	jélo
keuken (bijv. Franse ~)	**кухиња** (ж)	kúhinja
recept (het)	**рецепт** (м)	récept
portie (de)	**порција** (ж)	pórcija
salade (de)	**салата** (ж)	saláta
soep (de)	**супа** (ж)	súpa
bouillon (de)	**буљон** (м)	búljon
boterham (de)	**сендвич** (м)	séndvič

spiegelei (het)	**пржена jaja** (мн)	pŕžena jája
hamburger (de)	**хамбургер** (м)	hámburger
biefstuk (de)	**бифтек** (м)	bíftek
garnering (de)	**прилог** (м)	prílog
spaghetti (de)	**шпагете** (мн)	špagéte
aardappelpuree (de)	**кромпир пире** (м)	krómpir píre
pizza (de)	**пица** (ж)	píca
pap (de)	**каша** (ж)	káša
omelet (de)	**омлет** (м)	ómlet
gekookt (in water)	**кувани**	kúvani
gerookt (bn)	**димљени**	dímljeni
gebakken (bn)	**пржени**	pŕženi
gedroogd (bn)	**сув**	suv
diepvries (bn)	**замрзнут**	zámrznut
gemarineerd (bn)	**маринирани**	marinírani
zoet (bn)	**сладак**	sládak
gezouten (bn)	**слан**	slan
koud (bn)	**хладан**	hládan
heet (bn)	**врућ**	vruć
bitter (bn)	**горак**	górak
lekker (bn)	**укусан**	úkusan
koken (in kokend water)	**барити** (пг)	báriti
bereiden (avondmaaltijd ~)	**кувати** (пг)	kúvati
bakken (ww)	**пржити** (пг)	pŕžiti
opwarmen (ww)	**подгревати** (пг)	podgrévati
zouten (ww)	**солити** (пг)	sóliti
peperen (ww)	**биберити** (пг)	bíberiti
raspen (ww)	**рендати** (пг)	réndati
schil (de)	**кора** (ж)	kóra
schillen (ww)	**љуштити** (пг)	ljúštiti

47. Kruiden

zout (het)	**со** (ж)	so
gezouten (bn)	**слан**	slan
zouten (ww)	**солити** (пг)	sóliti
zwarte peper (de)	**црни бибер** (м)	cŕni bíber
rode peper (de)	**црвени бибер** (м)	cŕveni bíber
mosterd (de)	**сенф** (м)	senf
mierikswortel (de)	**рен, хрен** (м)	ren, hren
condiment (het)	**зачин** (м)	záčin
specerij, kruiderij (de)	**зачин** (м)	záčin
saus (de)	**сос** (м)	sos
azijn (de)	**сирће** (с)	sírće
anijs (de)	**анис** (м)	ánis
basilicum (de)	**босиљак** (м)	bósiljak

kruidnagel (de)	**каранфил** (м)	karánfil
gember (de)	**ђумбир** (м)	đúmbir
koriander (de)	**коријандер** (м)	korijánder
kaneel (de/het)	**цимет** (м)	címet
sesamzaad (het)	**сусам** (м)	súsam
laurierblad (het)	**ловор** (м)	lóvor
paprika (de)	**паприка** (ж)	páprika
komijn (de)	**ким** (м)	kim
saffraan (de)	**шафран** (м)	šáfran

48. Maaltijden

eten (het)	**храна** (ж)	hrána
eten (ww)	**јести** (нг, пг)	jésti
ontbijt (het)	**доручак** (м)	dóručak
ontbijten (ww)	**доручковати** (нг)	dóručkovati
lunch (de)	**ручак** (м)	rúčak
lunchen (ww)	**ручати** (нг)	rúčati
avondeten (het)	**вечера** (ж)	véčera
souperen (ww)	**вечерати** (нг)	véčerati
eetlust (de)	**апетит** (м)	apétit
Eet smakelijk!	**Пријатно!**	Príjatno!
openen (een fles ~)	**отварати** (пг)	otvárati
morsen (koffie, enz.)	**пролити** (пг)	próliti
zijn gemorst	**пролити се**	próliti se
koken (water kookt bij 100°C)	**кључати** (нг)	ključati
koken (Hoe om water te ~)	**кључати** (пг)	ključati
gekookt (~ water)	**кувани**	kúvani
afkoelen (koeler maken)	**охладити** (пг)	ohláditi
afkoelen (koeler worden)	**охлађивати се**	ohlađívati se
smaak (de)	**укус** (м)	úkus
nasmaak (de)	**укус** (м)	úkus
volgen een dieet	**смршати** (нг)	smŕšati
dieet (het)	**дијета** (ж)	dijéta
vitamine (de)	**витамин** (м)	vitámin
calorie (de)	**калорија** (ж)	kalórija
vegetariër (de)	**вегетаријанац** (м)	vegetarijánac
vegetarisch (bn)	**вегетаријански**	vegetaríjanski
vetten (mv.)	**масти** (мн)	másti
eiwitten (mv.)	**беланчевине** (мн)	belánčevine
koolhydraten (mv.)	**угљени хидрати** (мн)	úgljeni hidráti
snede (de)	**парче** (с)	párče
stuk (bijv. een ~ taart)	**комад** (м)	kómad
kruimel (de)	**мрва** (ж)	mŕva

49. Tafelschikking

lepel (de)	**кашика** (ж)	kášika
mes (het)	**нож** (м)	nož
vork (de)	**виљушка** (ж)	víljuška
kopje (het)	**шоља** (ж)	šólja
bord (het)	**тањир** (м)	tánjir
schoteltje (het)	**тацна** (ж)	tácna
servet (het)	**салвета** (ж)	salvéta
tandenstoker (de)	**чачкалица** (ж)	čáčkalica

50. Restaurant

restaurant (het)	**ресторан** (м)	restóran
koffiehuis (het)	**кафић** (м), **кафана** (ж)	káfić, kafána
bar (de)	**бар** (м)	bar
tearoom (de)	**чајџиница** (ж)	čájdžinica
kelner, ober (de)	**конобар** (м)	kónobar
serveerster (de)	**конобарица** (ж)	konobárica
barman (de)	**бармен** (м)	bármen
menu (het)	**јеловник** (м)	jélovnik
wijnkaart (de)	**винска карта** (ж)	vínska kárta
een tafel reserveren	**резервисати сто**	rezervísati sto
gerecht (het)	**јело** (с)	jélo
bestellen (eten ~)	**наручити** (пг)	narúčiti
een bestelling maken	**наручити**	narúčiti
aperitief (de/het)	**аперитив** (м)	áperitiv
voorgerecht (het)	**предјело** (с)	prédjelo
dessert (het)	**десерт** (м)	désert
rekening (de)	**рачун** (м)	ráčun
de rekening betalen	**платити рачун**	plátiti ráčun
wisselgeld teruggeven	**вратити кусур**	vrátiti kúsur
fooi (de)	**бакшиш** (м)	bákšiš

Familie, verwanten en vrienden

51. Persoonlijke informatie. Formulieren

naam (de)	**име** (с)	íme
achternaam (de)	**презиме** (с)	prézime
geboortedatum (de)	**датум** (м) **рођења**	dátum rođénja
geboorteplaats (de)	**место** (с) **рођења**	mésto rođénja
nationaliteit (de)	**националност** (ж)	nacionálnost
woonplaats (de)	**пребивалиште** (с)	prébivalište
land (het)	**земља** (ж)	zémlja
beroep (het)	**професија** (ж)	profésija
geslacht (ov. het vrouwelijk ~)	**пол** (м)	pol
lengte (de)	**раст** (м)	rast
gewicht (het)	**тежина** (ж)	težína

52. Familieleden. Verwanten

moeder (de)	**мајка** (ж)	májka
vader (de)	**отац** (м)	ótac
zoon (de)	**син** (м)	sin
dochter (de)	**кћи** (ж)	kći
jongste dochter (de)	**млађа кћи** (ж)	mláđa kći
jongste zoon (de)	**млађи син** (м)	mláđi sin
oudste dochter (de)	**најстарија кћи** (ж)	nájstarija kći
oudste zoon (de)	**најстарији син** (м)	nájstariji sin
broer (de)	**брат** (м)	brat
oudere broer (de)	**старији брат** (м)	stáriji brat
jongere broer (de)	**млађи брат** (м)	mláđi brat
zuster (de)	**сестра** (ж)	séstra
oudere zuster (de)	**старија сестра** (ж)	stárija séstra
jongere zuster (de)	**млађа сестра** (ж)	mláđa séstra
neef (zoon van oom, tante)	**рођак** (м)	róđak
nicht (dochter van oom, tante)	**рођака** (ж)	róđaka
mama (de)	**мама** (ж)	máma
papa (de)	**тата** (м)	táta
ouders (mv.)	**родитељи** (мн)	róditelji
kind (het)	**дете** (с)	déte
kinderen (mv.)	**деца** (мн)	déca
oma (de)	**бака** (ж)	báka
opa (de)	**деда** (м)	déda

kleinzoon (de)	**унук** (м)	únuk
kleindochter (de)	**унука** (ж)	únuka
kleinkinderen (mv.)	**унуци** (мн)	únuci
oom (de)	**ујак, стриц** (м)	újak, stric
tante (de)	**ујна, стрина** (ж)	újna, strína
neef (zoon van broer, zus)	**нећак, сестрић** (м)	néćak, séstrić
nicht (dochter van broer, zus)	**нећакиња, сестричина** (ж)	nećákinja, séstričina
schoonmoeder (de)	**ташта** (ж)	tášta
schoonvader (de)	**свекар** (м)	svékar
schoonzoon (de)	**зет** (м)	zet
stiefmoeder (de)	**маћеха** (ж)	máćeha
stiefvader (de)	**очух** (м)	óčuh
zuigeling (de)	**беба** (ж)	béba
wiegenkind (het)	**беба** (ж)	béba
kleuter (de)	**мало дете** (с), **беба** (ж)	málo déte, béba
vrouw (de)	**жена** (ж)	žéna
man (de)	**муж** (м)	muž
echtgenoot (de)	**супруг** (м)	súprug
echtgenote (de)	**супруга** (ж)	súpruga
gehuwd (mann.)	**ожењен**	óženjen
gehuwd (vrouw.)	**удата**	údata
ongehuwd (mann.)	**неожењен**	neóženjen
vrijgezel (de)	**нежења** (м)	néženja
gescheiden (bn)	**разведен**	razvéden
weduwe (de)	**удовица** (ж)	udóvica
weduwnaar (de)	**удовац** (м)	údovac
familielid (het)	**рођак** (м)	róđak
dichte familielid (het)	**блиски рођак** (м)	blíski róđak
verre familielid (het)	**даљи рођак** (м)	dálji róđak
familieleden (mv.)	**рођаци** (мн)	róđaci
wees (de), weeskind (het)	**сироче** (с)	siróče
voogd (de)	**старатељ** (м)	stáratelj
adopteren (een jongen te ~)	**усвојити** (пг)	usvójiti
adopteren (een meisje te ~)	**усвојити** (пг)	usvójiti

53. Vrienden. Collega's

vriend (de)	**пријатељ** (м)	prijatelj
vriendin (de)	**пријатељица** (ж)	prijatéljica
vriendschap (de)	**пријатељство** (с)	prijatéljstvo
bevriend zijn (ww)	**дружити се**	drúžiti se
makker (de)	**пријатељ** (м)	príjatelj
vriendin (de)	**пријатељица** (ж)	prijatéljica
partner (de)	**партнер** (м)	pártner
chef (de)	**шеф** (м)	šef
baas (de)	**начелник** (м)	náčelnik

eigenaar (de)	**власник** (м)	vlásnik
ondergeschikte (de)	**потчињени** (м)	pótčinjeni
collega (de)	**колега** (м)	koléga
kennis (de)	**познаник** (м)	póznanik
medereiziger (de)	**сапутник** (м)	sáputnik
klasgenoot (de)	**школски друг** (м)	škólski drug
buurman (de)	**комшија** (м)	kómšija
buurvrouw (de)	**комшиница** (ж)	kómšinica
buren (mv.)	**комшије** (мн)	kómšije

54. Man. Vrouw

vrouw (de)	**жена** (ж)	žéna
meisje (het)	**девојка** (ж)	dévojka
bruid (de)	**млада, невеста** (ж)	mláda, névesta
mooi(e) (vrouw, meisje)	**лепа**	lépa
groot, grote (vrouw, meisje)	**висока**	vísoka
slank(e) (vrouw, meisje)	**витка**	vítka
korte, kleine (vrouw, meisje)	**ниска**	níska
blondine (de)	**плавуша** (ж)	plávuša
brunette (de)	**црнка** (ж)	cŕnka
dames- (abn)	**дамски**	dámski
maagd (de)	**девица** (ж)	dévica
zwanger (bn)	**трудна**	trúdna
man (de)	**мушкарац** (м)	muškárac
blonde man (de)	**плавушан** (м)	plávušan
bruinharige man (de)	**бринет** (м)	brínet
groot (bn)	**висок**	vísok
klein (bn)	**низак**	nízak
onbeleefd (bn)	**груб**	grub
gedrongen (bn)	**здепаст**	zdépast
robuust (bn)	**јак**	jak
sterk (bn)	**снажан**	snážan
sterkte (de)	**снага** (ж)	snága
mollig (bn)	**дебео**	débeo
getaand (bn)	**тамнопут, гарав**	támnoput, gárav
slank (bn)	**витак**	vítak
elegant (bn)	**елегантан**	elegántan

55. Leeftijd

leeftijd (de)	**узраст** (м), **старост** (ж)	úzrast, stárost
jeugd (de)	**младост** (ж)	mládost
jong (bn)	**млад**	mlad

jonger (bn)	**млађи**	mlá đi
ouder (bn)	**старији**	stáriji
jongen (de)	**младић** (м)	mládić
tiener, adolescent (de)	**тинејџер** (м)	tinéjdžer
kerel (de)	**момак** (м)	mómak
oude man (de)	**старац** (м)	stárac
oude vrouw (de)	**старица** (ж)	stárica
volwassen (bn)	**одрасла особа** (ж)	ódrasla ósoba
van middelbare leeftijd (bn)	**средовјечни**	srédovječni
bejaard (bn)	**постарији**	póstariji
oud (bn)	**стар**	star
pensioen (het)	**пензија** (ж)	pénzija
met pensioen gaan	**отићи у пензију**	ótići u pénziju
gepensioneerde (de)	**пензионер** (м)	penziόner

56. Kinderen

kind (het)	**дете** (с)	déte
kinderen (mv.)	**деца** (мн)	déca
tweeling (de)	**близанци** (мн)	blizánci
wieg (de)	**колевка** (ж)	kólevka
rammelaar (de)	**звечка** (ж)	zvéčka
luier (de)	**пелена** (ж)	pélena
speen (de)	**цуцла** (ж)	cúcla
kinderwagen (de)	**дечија колица** (мн)	déčija kolíca
kleuterschool (de)	**обданиште** (с)	óbdanište
babysitter (de)	**дадиља** (ж)	dádilja
kindertijd (de)	**детињство** (с)	detínjstvo
pop (de)	**лутка** (ж)	lútka
speelgoed (het)	**играчка** (ж)	ígračka
bouwspeelgoed (het)	**конструктор** (м)	konstrúktor
welopgevoed (bn)	**васпитан**	váspitan
onopgevoed (bn)	**неваспитан**	neváspitan
verwend (bn)	**размажен**	rázmažen
stout zijn (ww)	**бити несташан**	bíti néstašan
stout (bn)	**несташан**	néstašan
stoutheid (de)	**несташлук** (м)	néstašluk
stouterd (de)	**несташко** (м)	néstaško
gehoorzaam (bn)	**послушан**	póslušan
ongehoorzaam (bn)	**непослушан**	néposlušan
braaf (bn)	**паметан, послушан**	pámetan, póslušan
slim (verstandig)	**паметан**	pámetan
wonderkind (het)	**вундеркинд** (м)	vúnderkind

57. Gehuwde paren. Gezinsleven

kussen (een kus geven)	**љубити** (нг)	ljúbiti
elkaar kussen (ww)	**љубити се**	ljúbiti se
gezin (het)	**породица** (ж)	pórodica
gezins- (abn)	**породични**	pórodični
paar (het)	**пар** (м)	par
huwelijk (het)	**брак** (м)	brak
thuis (het)	**домаће огњиште** (с)	domáće ógnjište
dynastie (de)	**династија** (ж)	dinástija
date (de)	**сусрет** (м)	súsret
zoen (de)	**пољубац** (м)	póljubac
liefde (de)	**љубав** (ж)	ljúbav
liefhebben (ww)	**волети** (пг)	vóleti
geliefde (bn)	**вољени**	vóljeni
tederheid (de)	**нежност** (ж)	néžnost
teder (bn)	**нежан**	néžan
trouw (de)	**верност** (ж)	vérnost
trouw (bn)	**веран**	véran
zorg (bijv. bejaarden~)	**брига** (ж)	bríga
zorgzaam (bn)	**брижан**	brížan
jonggehuwden (mv.)	**младенци** (мн)	mládenci
wittebroodsweken (mv.)	**медени месец** (м)	médeni mésec
trouwen (vrouw)	**удати се**	údati se
trouwen (man)	**женити се**	žéniti se
bruiloft (de)	**свадба** (ж)	svádba
gouden bruiloft (de)	**златна свадба** (ж)	zlátna svádba
verjaardag (de)	**годишњица** (ж)	gódišnjica
minnaar (de)	**љубавник** (м)	ljúbavnik
minnares (de)	**љубавница** (ж)	ljúbavnica
overspel (het)	**превара** (ж)	prévara
overspel plegen (ww)	**преварити** (пг)	prévariti
jaloers (bn)	**љубоморан**	ljúbomoran
jaloers zijn (echtgenoot, enz.)	**бити љубоморан**	bíti ljúbomoran
echtscheiding (de)	**развод** (м)	rázvod
scheiden (ww)	**развести се**	rázvesti se
ruzie hebben (ww)	**свађати се**	sváđati se
vrede sluiten (ww)	**мирити се**	míriti se
samen (bw)	**заједно**	zájedno
seks (de)	**секс** (м)	seks
geluk (het)	**срећа** (ж)	sréća
gelukkig (bn)	**срећан**	sréćan
ongeluk (het)	**несрећа** (ж)	nésreća
ongelukkig (bn)	**несрећан**	nésrećan

Karakter. Gevoelens. Emoties

58. Gevoelens. Emoties

gevoel (het)	**осећај** (м)	ósećaj
gevoelens (mv.)	**осећања** (мн)	ósećanja
voelen (ww)	**осећати** (пг)	ósećati
honger (de)	**глад** (ж)	glád
honger hebben (ww)	**бити гладан**	bíti gládan
dorst (de)	**жеђ** (ж)	žeđ
dorst hebben	**бити жедан**	bíti žédan
slaperigheid (de)	**поспаност** (ж)	póspanost
willen slapen	**бити поспан**	bíti póspan
moeheid (de)	**умор** (м)	úmor
moe (bn)	**уморан**	úmoran
vermoeid raken (ww)	**уморити се**	umóriti se
stemming (de)	**расположење** (с)	raspoložénje
verveling (de)	**досада** (ж)	dósada
zich vervelen (ww)	**досађивати се**	dosađívati se
afzondering (de)	**самоћа** (ж)	samóća
zich afzonderen (ww)	**усамити се**	usámiti se
bezorgd maken	**узнемиравати** (пг)	uznemirávati
bezorgd zijn (ww)	**бринути се**	brínuti se
zorg (bijv. geld~en)	**брига** (ж)	bríga
ongerustheid (de)	**анксиозност** (ж)	anksióznost
ongerust (bn)	**забринут, преокупиран**	zábrinut, preokupiran
zenuwachtig zijn (ww)	**бити нервозан**	bíti nérvozan
in paniek raken	**паничити** (нг)	páničiti
hoop (de)	**нада** (ж)	náda
hopen (ww)	**надати се**	nádati se
zekerheid (de)	**сигурност** (ж)	sigúrnost
zeker (bn)	**сигуран**	síguran
onzekerheid (de)	**несигурност** (ж)	nesigúrnost
onzeker (bn)	**несигуран**	nésiguran
dronken (bn)	**пијан**	píjan
nuchter (bn)	**трезан**	trézan
zwak (bn)	**слаб**	slab
gelukkig (bn)	**срећан**	sréćan
doen schrikken (ww)	**уплашити** (пг)	úplašiti
toorn (de)	**бес** (м)	bes
woede (de)	**гнев, бес** (м)	gnev, bes
depressie (de)	**депресија** (ж)	deprésija
ongemak (het)	**нелагодност** (ж)	nelágodnost

gemak, comfort (het)	**комфор** (м)	kómfor
spijt hebben (ww)	**жалити** (нг)	žáliti
spijt (de)	**жаљење** (с)	žáljenje
pech (de)	**несрећа** (ж)	nésreća
bedroefdheid (de)	**туга** (ж)	túga
schaamte (de)	**стид** (м)	stid
pret (de), plezier (het)	**весеље** (с)	vesélje
enthousiasme (het)	**ентузијазам** (м)	entuzijázam
enthousiasteling (de)	**ентузијаст** (м)	entuzíjast
enthousiasme vertonen	**показати ентузијазам**	pokázati entuzijázam

59. Karakter. Persoonlijkheid

karakter (het)	**карактер** (м)	karákter
karakterfout (de)	**мана** (ж)	mána
verstand (het)	**ум** (м)	um
rede (de)	**разум** (м)	rázum
geweten (het)	**савест** (ж)	sávest
gewoonte (de)	**навика** (ж)	návika
bekwaamheid (de)	**способност** (ж)	spósobnost
kunnen (bijv., ~ zwemmen)	**умети** (нг)	úmeti
geduldig (bn)	**стрпљив**	stŕpljiv
ongeduldig (bn)	**нестрпљив**	nestŕpljiv
nieuwsgierig (bn)	**радознао**	radóznao
nieuwsgierigheid (de)	**радозналост** (ж)	radóznalost
bescheidenheid (de)	**скромност** (ж)	skrómnost
bescheiden (bn)	**скроман**	skróman
onbescheiden (bn)	**нескроман**	néskroman
luiheid (de)	**лењост** (ж)	lénjost
lui (bn)	**лењ**	lenj
luiwammes (de)	**ленчуга** (м)	lénčuga
sluwheid (de)	**лукавост** (ж)	lúkavost
sluw (bn)	**лукав**	lúkav
wantrouwen (het)	**неповерење** (с)	nepoverénje
wantrouwig (bn)	**неповерљив**	nepovérljiv
gulheid (de)	**дарежљивост** (ж)	daréžljivost
gul (bn)	**дарежљив**	daréžljiv
talentrijk (bn)	**талентован**	tálentovan
talent (het)	**таленат** (м)	tálenat
moedig (bn)	**храбар**	hrábar
moed (de)	**храброст** (ж)	hrábrost
eerlijk (bn)	**искрен**	ískren
eerlijkheid (de)	**искреност** (ж)	ískrenost
voorzichtig (bn)	**опрезан**	óprezan
manhaftig (bn)	**одважан**	ódvažan

ernstig (bn)	**озбиљан**	ózbiljan
streng (bn)	**строг**	strog
resoluut (bn)	**одлучан**	ódlučan
onzeker, irresoluut (bn)	**неодлучан**	néodlučan
schuchter (bn)	**стидљив**	stídljiv
schuchterheid (de)	**стидљивост** (ж)	stídljivost
vertrouwen (het)	**поверење** (с)	poverénje
vertrouwen (ww)	**веровати** (нг)	vérovati
goedgelovig (bn)	**поверљив**	povérljiv
oprecht (bw)	**озбиљно**	ózbiljno
oprecht (bn)	**озбиљан**	ózbiljan
oprechtheid (de)	**искреност** (ж)	ískrenost
open (bn)	**отворен**	ótvoren
rustig (bn)	**тих**	tih
openhartig (bn)	**искрен**	ískren
naïef (bn)	**наиван**	náivan
verstrooid (bn)	**расејан**	rasejan
leuk, grappig (bn)	**смешан**	sméšan
gierigheid (de)	**похлепа** (ж)	póhlepa
gierig (bn)	**похлепан**	póhlepan
inhalig (bn)	**шкрт**	škȓt
kwaad (bn)	**зао**	záo
koppig (bn)	**тврдоглав**	tvrdóglav
onaangenaam (bn)	**непријатан**	néprijatan
egoïst (de)	**себичњак** (м)	sébičnjak
egoïstisch (bn)	**себичан**	sébičan
lafaard (de)	**кукавица** (ж)	kúkavica
laf (bn)	**кукавички**	kúkavički

60. Slaap. Dromen

slapen (ww)	**спавати** (нг)	spávati
slaap (in ~ vallen)	**спавање** (с)	spávanje
droom (de)	**сан** (м)	san
dromen (in de slaap)	**сањати** (нг)	sánjati
slaperig (bn)	**сањив**	sánjiv
bed (het)	**кревет** (м)	krévet
matras (de)	**душек** (м)	dúšek
deken (de)	**јорган** (м)	jórgan
kussen (het)	**јастук** (м)	jástuk
laken (het)	**чаршав** (м)	čáršav
slapeloosheid (de)	**несаница** (ж)	nésanica
slapeloos (bn)	**бесан**	bésan
slaapmiddel (het)	**таблета** (ж) **за спавање**	tabléta za spávanje
slaapmiddel innemen	**узети таблету** (ж) **за спавање**	úzeti tablétu za spávanje

willen slapen	**бити поспан**	bíti póspan
geeuwen (ww)	**зевати** (нг)	zévati
gaan slapen	**ићи на спавање**	íći na spávanje
het bed opmaken	**намештати кревет**	naméštati krévet
inslapen (ww)	**заспати** (нг)	záspati
nachtmerrie (de)	**кошмар** (м), **мора** (ж)	kóšmar, móra
gesnurk (het)	**хркање** (с)	hŕkanje
snurken (ww)	**хркати** (пг)	hŕkati
wekker (de)	**будилник** (м)	búdilnik
wekken (ww)	**пробудити** (пг)	probúditi
wakker worden (ww)	**пробуђивати се**	probuđívati se
opstaan (ww)	**устајати** (нг)	ústajati
zich wassen (ww)	**умивати се**	umívati se

61. Humor. Gelach. Blijdschap

humor (de)	**хумор** (м)	húmor
gevoel (het) voor humor	**смисао** (м) **за хумор**	smísao za húmor
plezier hebben (ww)	**уживати** (нг)	užívati
vrolijk (bn)	**весео**	véseo
pret (de), plezier (het)	**весеље** (с)	veselje
glimlach (de)	**осмех** (м)	ósmeh
glimlachen (ww)	**осмехивати се**	osmehívati se
beginnen te lachen (ww)	**засмејати се**	zasméjati se
lachen (ww)	**смејати се**	sméjati se
lach (de)	**смех** (м)	smeh
mop (de)	**виц** (м)	vic
grappig (een ~ verhaal)	**смешан**	sméšan
grappig (~e clown)	**смешан**	sméšan
grappen maken (ww)	**шалити се**	šáliti se
grap (de)	**шала** (ж)	šála
blijheid (de)	**радост** (ж)	rádost
blij zijn (ww)	**радовати се**	rádovati se
blij (bn)	**радостан**	rádostan

62. Discussie, conversatie. Deel 1

communicatie (de)	**општење** (с)	ópštenje
communiceren (ww)	**комуницирати** (нг)	komunicírati
conversatie (de)	**разговор** (м)	rázgovor
dialoog (de)	**дијалог** (м)	dijálog
discussie (de)	**дискусија** (ж)	diskúsija
debat (het)	**расправа** (ж)	rásprava
debatteren, twisten (ww)	**расправљати се**	ráspravljati se
gesprekspartner (de)	**саговорник** (м)	ságovornik
thema (het)	**тема** (ж)	téma

standpunt (het)	**тачка** (ж) **гледишта**	táčka glédišta
mening (de)	**мишљење** (с)	míšljenje
toespraak (de)	**говор** (м)	góvor
bespreking (de)	**расправа, дискусија** (ж)	rásprava, dískusija
bespreken (spreken over)	**расправљати** (пг)	ráspravljati
gesprek (het)	**разговор** (м)	rázgovor
spreken (converseren)	**разговарати** (нг)	razgovárati
ontmoeting (de)	**сусрет** (м)	súsret
ontmoeten (ww)	**сусрести се**	súsresti se
spreekwoord (het)	**пословица** (ж)	póslovica
gezegde (het)	**пословица** (ж)	póslovica
raadsel (het)	**загонетка** (ж)	zágonetka
een raadsel opgeven	**загонетати** (пг)	zagonétati
wachtwoord (het)	**лозинка** (ж)	lózinka
geheim (het)	**тајна** (ж)	tájna
eed (de)	**заклетва** (ж)	zákletva
zweren (een eed doen)	**клети се**	kléti se
belofte (de)	**обећање** (с)	obećánje
beloven (ww)	**обећати** (пг)	obéćati
advies (het)	**савет** (м)	sávet
adviseren (ww)	**саветовати** (пг)	sávetovati
advies volgen (iemands ~)	**слушати савет**	slúšati sávet
luisteren (gehoorzamen)	**слушати** (пг)	slúšati
nieuws (het)	**новост** (ж)	nóvost
sensatie (de)	**сензација** (ж)	senzácija
informatie (de)	**информације** (мн)	infomácije
conclusie (de)	**закључак** (м)	zákljućak
stem (de)	**глас** (м)	glas
compliment (het)	**комплимент** (м)	komplimént
vriendelijk (bn)	**љубазан**	ljúbazan
woord (het)	**реч** (ж)	reč
zin (de), zinsdeel (het)	**фраза** (ж)	fráza
antwoord (het)	**одговор** (м)	ódgovor
waarheid (de)	**истина** (ж)	ístina
leugen (de)	**лаж** (ж)	laž
gedachte (de)	**мисао** (ж)	mísao
idee (de/het)	**идеја** (ж)	idéja
fantasie (de)	**фантазија** (ж)	fantázija

63. Discussie, conversatie. Deel 2

gerespecteerd (bn)	**поштован**	póštovan
respecteren (ww)	**поштовати** (пг)	poštóvati
respect (het)	**поштовање** (с)	poštovánje
Geachte ... (brief)	**Поштовани, ...**	Póštovani, ...
voorstellen (Mag ik jullie ~)	**упознати** (пг)	upóznati

kennismaken (met ...)	**упознати се**	upóznati se
intentie (de)	**намера** (ж)	námera
intentie hebben (ww)	**намеравати** (нг)	namerávati
wens (de)	**жеља** (ж)	žélja
wensen (ww)	**пожелети** (пг)	požéleti
verbazing (de)	**изненађење** (с)	iznenađénje
verbazen (verwonderen)	**чудити** (пг)	čúditi
verbaasd zijn (ww)	**чудити се**	čúditi se
geven (ww)	**дати** (пг)	dáti
nemen (ww)	**узети** (пг)	úzeti
teruggeven (ww)	**вратити** (пг)	vrátiti
retourneren (ww)	**вратити** (пг)	vrátiti
zich verontschuldigen	**извињавати се**	izvinjávati se
verontschuldiging (de)	**извињење** (с)	izvinjénje
vergeven (ww)	**опраштати** (пг)	opráštati
spreken (ww)	**разговарати** (нг)	razgovárati
luisteren (ww)	**слушати** (пг)	slúšati
aanhoren (ww)	**саслушати** (пг)	sáslušati
begrijpen (ww)	**разумети** (пг)	razúmeti
tonen (ww)	**показати** (пг)	pokázati
kijken naar ...	**гледати** (пг)	glédati
roepen (vragen te komen)	**позвати** (пг)	pózvati
afleiden (storen)	**сметати** (пг)	smétati
storen (lastigvallen)	**сметати** (пг)	smétati
doorgeven (ww)	**предати** (пг)	prédati
verzoek (het)	**молба** (ж)	mólba
verzoeken (ww)	**тражити, молити** (пг)	trážiti, móliti
eis (de)	**захтев** (м)	záhtev
eisen (met klem vragen)	**захтевати, тражити**	zahtévati, trážiti
beledigen (beledigende namen geven)	**задиркивати** (пг)	zadirkívati
uitlachen (ww)	**подсмевати се**	podsmévati se
spot (de)	**подсмех** (м)	pódsmeh
bijnaam (de)	**надимак** (м)	nádimak
zinspeling (de)	**наговештај** (м)	nágoveštaj
zinspelen (ww)	**наговештавати** (нг)	nagoveštávati
impliceren (duiden op)	**подразумевати** (нг)	podrazumévati
beschrijving (de)	**опис** (м)	ópis
beschrijven (ww)	**описати** (пг)	opísati
lof (de)	**похвала** (ж)	póhvala
loven (ww)	**похвалити** (пг)	pohváliti
teleurstelling (de)	**разочарање** (с)	razočaránje
teleurstellen (ww)	**разочарати** (пг)	razočárati
teleurgesteld zijn (ww)	**разочарати се**	razočárati se
veronderstelling (de)	**претпоставка** (ж)	prétpostavka
veronderstellen (ww)	**претпостављати** (пг)	pretpóstavljati

waarschuwing (de)	**упозорење** (c)	upozorénje
waarschuwen (ww)	**упозорити** (пг)	upozóriti

64. Discussie, conversatie. Deel 3

aanpraten (ww)	**наговорити** (пг)	nagovóriti
kalmeren (kalm maken)	**смиривати** (пг)	smirívati
stilte (de)	**ћутање** (c)	ćútanje
zwijgen (ww)	**ћутати** (нг)	ćútati
fluisteren (ww)	**шапнути** (пг)	šápnuti
gefluister (het)	**шапат** (м)	šápat
open, eerlijk (bw)	**искрено**	ískreno
volgens mij ...	**по мом мишљењу ...**	po mom míšljenju ...
detail (het)	**детаљ** (ж)	détalj
gedetailleerd (bn)	**детаљан**	détaljan
gedetailleerd (bw)	**детаљно**	détaljno
hint (de)	**наговештај** (м)	nágoveštaj
een hint geven	**дати миг**	dáti mig
blik (de)	**поглед** (м)	pógled
een kijkje nemen	**погледати** (пг)	pógledati
strak (een ~ke blik)	**непомичан**	nepómičan
knipperen (ww)	**трептати** (нг)	tréptati
knipogen (ww)	**намигнути** (нг)	namígnuti
knikken (ww)	**климнути** (нг)	klímnuti
zucht (de)	**уздах** (м)	úzdah
zuchten (ww)	**уздахнути** (нг)	uzdáhnuti
huiveren (ww)	**дрхтати** (нг)	dŕhtati
gebaar (het)	**гест** (м)	gest
aanraken (ww)	**додирнути** (пг)	dodírnuti
grijpen (ww)	**хватати** (пг)	hvátati
een schouderklopje geven	**тапштати** (нг)	tápštati
Kijk uit!	**Опрез!**	Óprez!
Echt?	**Стварно?**	Stvárno?
Bent je er zeker van?	**Да ли си сигуран?**	Da li si síguran?
Succes!	**Срећно!**	Sréćno!
Juist, ja!	**Јасно!**	Jásno!
Wat jammer!	**Штета!**	Štéta!

65. Overeenstemming. Weigering

instemming (het)	**пристанак** (м)	prístanak
instemmen (akkoord gaan)	**пристати** (нг)	prístati
goedkeuring (de)	**одобрење** (c)	odobrénje
goedkeuren (ww)	**одобрити** (пг)	odóbriti
weigering (de)	**одбијање** (c)	odbíjanje

weigeren (ww)	**одбијати се**	odbíjati se
Geweldig!	**Одлично!**	Ódlično!
Goed!	**Добро!**	Dóbro!
Akkoord!	**Важи!**	Váži!
verboden (bn)	**забрањен**	zábranjen
het is verboden	**забрањено**	zabránjeno
het is onmogelijk	**немогуће**	némoguće
onjuist (bn)	**погрешан**	pógrešan
afwijzen (ww)	**одбити** (пг)	ódbiti
steunen (een goed doel, enz.)	**подржати** (пг)	podŕžati
aanvaarden (excuses ~)	**прихватити** (пг)	príhvatiti
bevestigen (ww)	**потврдити** (пг)	potvŕditi
bevestiging (de)	**потврда** (ж)	pótvrda
toestemming (de)	**дозвола** (ж)	dózvola
toestaan (ww)	**дозволити** (нг, пг)	dozvóliti
beslissing (de)	**одлука** (ж)	ódluka
z'n mond houden (ww)	**прећутати** (нг)	prećútati
voorwaarde (de)	**услов** (м)	úslov
smoes (de)	**изговор** (м)	ízgovor
lof (de)	**похвала** (ж)	póhvala
loven (ww)	**похвалити** (пг)	pohváliti

66. Succes. Veel geluk. Mislukking

succes (het)	**успех** (м)	úspeh
succesvol (bw)	**успешно**	úspešno
succesvol (bn)	**успешан**	úspešan
geluk (het)	**срећа** (ж)	sréća
Succes!	**Сретно! Срећно!**	Srétno! Sréćno!
geluks- (bn)	**срећан**	sréćan
gelukkig (fortuinlijk)	**срећан**	sréćan
mislukking (de)	**неуспех** (м)	néuspeh
tegenslag (de)	**неуспех** (м)	néuspeh
pech (de)	**несрећа** (ж)	nésreća
zonder succes (bn)	**неуспешан**	néuspešan
catastrofe (de)	**катастрофа** (ж)	katastrófa
fierheid (de)	**понос** (м)	pónos
fier (bn)	**поносан**	pónosan
fier zijn (ww)	**поносити се**	ponósiti se
winnaar (de)	**победник** (м)	póbednik
winnen (ww)	**победити** (нг)	pobéditi
verliezen (ww)	**изгубити** (нг, пг)	izgúbiti
poging (de)	**покушај** (м)	pókušaj
pogen, proberen (ww)	**покушавати** (нг)	pokušávati
kans (de)	**шанса** (ж)	šánsa

67. Ruzies. Negatieve emoties

schreeuw (de)	**узвик** (м)	úzvik
schreeuwen (ww)	**викати** (нг)	víkati
beginnen te schreeuwen	**почети викати**	póčeti víkati
ruzie (de)	**свађа** (ж)	sváđa
ruzie hebben (ww)	**свађати се**	sváđati se
schandaal (het)	**свађа** (ж)	sváđa
schandaal maken (ww)	**свађати се**	sváđati se
conflict (het)	**конфликт** (м)	kónflikt
misverstand (het)	**неспоразум** (м)	nésporazum
belediging (de)	**увреда** (ж)	úvreda
beledigen (met scheldwoorden)	**вређати** (пг)	vréđati
beledigd (bn)	**увређен**	úvređen
krenking (de)	**кивност** (ж)	kívnost
krenken (beledigen)	**увредити** (пг)	uvréditi
gekwetst worden (ww)	**бити киван**	biti kívan
verontwaardiging (de)	**негодовање** (с)	négodovanje
verontwaardigd zijn (ww)	**индигнирати се**	indignírati se
klacht (de)	**жалба** (ж)	žálba
klagen (ww)	**жалити се**	žáliti se
verontschuldiging (de)	**извињење** (с)	izvinjénje
zich verontschuldigen	**извињавати се**	izvinjávati se
excuus vragen	**извињавати се**	izvinjávati se
kritiek (de)	**критика** (ж)	krítika
bekritiseren (ww)	**критиковати** (пг)	krítikovati
beschuldiging (de)	**оптужба** (ж)	óptužba
beschuldigen (ww)	**окривљавати** (пг)	okrivljávati
wraak (de)	**освета** (ж)	ósveta
wreken (ww)	**осветивати се**	osvećívati se
wraak nemen (ww)	**отплатити** (пг)	otplátiti
minachting (de)	**презир** (м)	prézir
minachten (ww)	**презирати** (пг)	prézirati
haat (de)	**мржња** (ж)	mŕžnja
haten (ww)	**мрзети** (пг)	mŕzeti
zenuwachtig (bn)	**нервозан**	nérvozan
zenuwachtig zijn (ww)	**бити нервозан**	bíti nérvozan
boos (bn)	**љут**	ljut
boos maken (ww)	**разљутити** (пг)	razljútiti
vernedering (de)	**понижење** (с)	poniženje
vernederen (ww)	**понижавати** (пг)	ponižávati
zich vernederen (ww)	**понижавати се**	ponižávati se
schok (de)	**шок** (м)	šok
schokken (ww)	**шокирати** (пг)	šokírati

onaangenaamheid (de)	**неприлика** (ж)	neprílika
onaangenaam (bn)	**непријатан**	néprijatan
vrees (de)	**страх** (м)	strah
vreselijk (bijv. ~ onweer)	**страшан**	strášan
eng (bn)	**страшан**	strášan
gruwel (de)	**ужас** (м)	úžas
vreselijk (~ nieuws)	**ужасан**	úžasan
beginnen te beven	**почети дрхтати**	póčeti dŕhtati
huilen (wenen)	**плакати** (нг)	plákati
beginnen te huilen (wenen)	**заплакати** (нг)	záplakati
traan (de)	**суза** (ж)	súza
schuld (~ geven aan)	**грешка** (ж)	gréška
schuldgevoel (het)	**кривица** (ж)	krivíca
schande (de)	**срамота** (ж)	sramóta
protest (het)	**протест** (м)	prótest
stress (de)	**стрес** (м)	stres
storen (lastigvallen)	**сметати** (пг)	smétati
kwaad zijn (ww)	**љутити се**	ljútiti se
kwaad (bn)	**љут**	ljut
beëindigen (een relatie ~)	**прекидати** (пг)	prekídati
vloeken (ww)	**грдити** (пг)	gŕditi
schrikken (schrik krijgen)	**плашити се**	plášiti se
slaan (iemand ~)	**ударити** (пг)	údariti
vechten (ww)	**тући се**	túći se
regelen (conflict)	**решити** (пг)	réšiti
ontevreden (bn)	**незадовољан**	nézadovoljan
woedend (bn)	**бесан**	bésan
Dat is niet goed!	**То није добро!**	To níje dóbro!
Dat is slecht!	**То је лоше!**	To je lóše!

Geneeskunde

68. Ziekten

ziekte (de)	**болест** (ж)	bólest
ziek zijn (ww)	**боловати** (нг)	bolóvati
gezondheid (de)	**здравље** (с)	zdrávlje
snotneus (de)	**кијавица** (ж)	kíjavica
angina (de)	**ангина** (ж)	angína
verkoudheid (de)	**прехлада** (ж)	préhlada
verkouden raken (ww)	**прехладити се**	prehláditi se
bronchitis (de)	**бронхитис** (м)	bronhítis
longontsteking (de)	**упала** (ж) **плућа**	úpala plúća
griep (de)	**грип** (м)	grip
bijziend (bn)	**кратковид**	kratkóvid
verziend (bn)	**далековид**	dalekóvid
scheelheid (de)	**разрокост** (ж)	rázrokost
scheel (bn)	**разрок**	rázrok
grauwe staar (de)	**катаракта** (ж)	katarákta
glaucoom (het)	**глауком** (м)	gláukom
beroerte (de)	**мождани удар** (м)	moždani údar
hartinfarct (het)	**инфаркт** (м)	ínfarkt
myocardiaal infarct (het)	**инфаркт** (м) **миокарда**	ínfarkt míokarda
verlamming (de)	**парализа** (ж)	paralíza
verlammen (ww)	**парализовати** (пг)	parálizovati
allergie (de)	**алергија** (ж)	alérgija
astma (de/het)	**астма** (ж)	ástma
diabetes (de)	**дијабетес** (м)	dijabétes
tandpijn (de)	**зубобоља** (ж)	zubóbolja
tandbederf (het)	**каријес** (м)	kárijes
diarree (de)	**дијареја** (ж), **пролив** (м)	dijaréja, próliv
constipatie (de)	**затвор** (м)	zátvor
maagstoornis (de)	**лоша пробава** (ж)	lóša próbava
voedselvergiftiging (de)	**тровање** (с)	tróvanje
voedselvergiftiging oplopen	**отровати се**	otróvati se
artritis (de)	**артритис** (м)	artrítis
rachitis (de)	**рахитис** (м)	rahítis
reuma (het)	**реуматизам** (м)	reumatízam
arteriosclerose (de)	**атеросклероза** (ж)	ateroskleróza
gastritis (de)	**гастритис** (м)	gastrítis
blindedarmontsteking (de)	**апендицитис** (м)	apendicítis

galblaasontsteking (de)	**холециститис** (м)	holecístitis
zweer (de)	**чир** (м)	čir
mazelen (mv.)	**мале богиње** (мн)	mále bóginje
rodehond (de)	**рубеола** (ж)	rubéola
geelzucht (de)	**жутица** (ж)	žútica
leverontsteking (de)	**хепатитис** (м)	hepatítis
schizofrenie (de)	**шизофренија** (ж)	šizofrénija
dolheid (de)	**беснило** (с)	bésnilo
neurose (de)	**неуроза** (ж)	neuróza
hersenschudding (de)	**потрес** (м) **мозга**	pótres mózga
kanker (de)	**рак** (м)	rak
sclerose (de)	**склероза** (ж)	skleróza
multiple sclerose (de)	**мултипла склероза** (ж)	múltipla skleróza
alcoholisme (het)	**алкохолизам** (м)	alkoholízam
alcoholicus (de)	**алкохоличар** (м)	alkohóličar
syfilis (de)	**сифилис** (м)	sífilis
AIDS (de)	**Сида** (ж)	Sída
tumor (de)	**тумор** (м)	túmor
kwaadaardig (bn)	**малигни, злоћудан**	máligni, zlóćudan
goedaardig (bn)	**доброћудан**	dóbroćudan
koorts (de)	**грозница** (ж)	gróznica
malaria (de)	**маларија** (ж)	málarija
gangreen (het)	**гангрена** (ж)	gangréna
zeeziekte (de)	**морска болест** (ж)	mórska bólest
epilepsie (de)	**епилепсија** (ж)	epilépsija
epidemie (de)	**епидемија** (ж)	epidémija
tyfus (de)	**тифус** (м)	tífus
tuberculose (de)	**туберкулоза** (ж)	tuberkulóza
cholera (de)	**колера** (ж)	koléra
pest (de)	**куга** (ж)	kúga

69. Symptomen. Behandelingen. Deel 1

symptoom (het)	**симптом** (м)	símptom
temperatuur (de)	**температура** (ж)	temperatúra
verhoogde temperatuur (de)	**висока температура** (ж)	vísoka temperatúra
polsslag (de)	**пулс** (м)	puls
duizeling (de)	**вртоглавица** (ж)	vrtóglavica
heet (erg warm)	**врућ**	vruć
koude rillingen (mv.)	**језа** (ж)	jéza
bleek (bn)	**блед**	bled
hoest (de)	**кашаљ** (м)	kášalj
hoesten (ww)	**кашљати** (нг)	kášljati
niezen (ww)	**кијати** (нг)	kíjati
flauwte (de)	**несвестица** (ж)	nésvestica

flauwvallen (ww)	**онесвестити се**	onesvéstiti se
blauwe plek (de)	**модрица** (ж)	módrica
buil (de)	**чворуга** (ж)	čvóruga
zich stoten (ww)	**ударити се**	údariti se
kneuzing (de)	**озледа** (ж)	ózleda
kneuzen (gekneusd zijn)	**озледити се**	ozléditi se
hinken (ww)	**храмати** (нг)	hrámati
verstuiking (de)	**ишчашење** (с)	iščašénje
verstuiken (enkel, enz.)	**ишчашити** (пг)	íščašiti
breuk (de)	**прелом** (м)	prélom
een breuk oplopen	**задобити прелом**	zadóbiti prélom
snijwond (de)	**посекотина** (ж)	posekótina
zich snijden (ww)	**порезати се**	pórezati se
bloeding (de)	**крварење** (с)	krvárenje
brandwond (de)	**опекотина** (ж)	opekótina
zich branden (ww)	**опећи се**	ópeći se
prikken (ww)	**убости** (пг)	úbosti
zich prikken (ww)	**убости се**	úbosti se
blesseren (ww)	**повредити** (пг)	povréditi
blessure (letsel)	**повреда** (ж)	póvreda
wond (de)	**рана** (ж)	rána
trauma (het)	**траума** (ж)	tráuma
ijlen (ww)	**бунцати** (нг)	búncati
stotteren (ww)	**муцати** (нг)	múcati
zonnesteek (de)	**сунчаница** (ж)	súnčanica

70. Symptomen. Behandelingen. Deel 2

pijn (de)	**бол** (ж)	bol
splinter (de)	**трн** (м)	trn
zweet (het)	**зној** (м)	znoj
zweten (ww)	**знојити се**	znójiti se
braking (de)	**повраћање** (с)	póvraćanje
stuiptrekkingen (mv.)	**грчеви** (мн)	gŕčevi
zwanger (bn)	**трудна**	trúdna
geboren worden (ww)	**родити се**	róditi se
geboorte (de)	**порођај** (м)	póročaj
baren (ww)	**рађати** (пг)	rádati
abortus (de)	**абортус, побачај** (м)	abórtus, póbačaj
ademhaling (de)	**дисање** (с)	dísanje
inademing (de)	**удисај** (м)	údisaj
uitademing (de)	**издах** (м)	ízdah
uitademen (ww)	**издахнути** (нг)	izdáhnuti
inademen (ww)	**удисати** (нг)	údisati
invalide (de)	**инвалид** (м)	inválid
gehandicapte (de)	**богаљ** (м)	bógalj

drugsverslaafde (de)	**наркоман** (м)	nárkoman
doof (bn)	**глув**	gluv
stom (bn)	**нем**	nem
doofstom (bn)	**глувонем**	glúvonem
krankzinnig (bn)	**луд**	lud
krankzinnige (man)	**лудак** (м)	lúdak
krankzinnige (vrouw)	**луда** (ж)	lúda
krankzinnig worden	**полудети** (нг)	polúdeti
gen (het)	**ген** (м)	gen
immuniteit (de)	**имунитет** (м)	imunítet
erfelijk (bn)	**наследни**	následni
aangeboren (bn)	**урођен**	úrođen
virus (het)	**вирус** (м)	vírus
microbe (de)	**микроб** (м)	míkrob
bacterie (de)	**бактерија** (ж)	baktérija
infectie (de)	**инфекција** (ж)	infékcija

71. Symptomen. Behandelingen. Deel 3

ziekenhuis (het)	**болница** (ж)	bólnica
patiënt (de)	**пацијент** (м)	pacíjent
diagnose (de)	**дијагноза** (ж)	dijagnóza
genezing (de)	**лечење** (с)	léčenje
medische behandeling (de)	**медицински третман** (м)	médicinski trétman
onder behandeling zijn	**лечити се**	léčiti se
behandelen (ww)	**лечити** (пг)	léčiti
zorgen (zieken ~)	**неговати** (пг)	négovati
ziekenzorg (de)	**нега** (ж)	néga
operatie (de)	**операција** (ж)	operácija
verbinden (een arm ~)	**превити** (пг)	préviti
verband (het)	**превијање** (с)	prevíjanje
vaccin (het)	**вакцинација** (ж)	vakcinácija
inenten (vaccineren)	**вакцинисати** (пг)	vakcinísati
injectie (de)	**ињекција** (ж)	injékcija
een injectie geven	**давати ињекцију**	dávati injékciju
aanval (de)	**напад** (м)	nápad
amputatie (de)	**ампутација** (ж)	amputácija
amputeren (ww)	**ампутирати** (пг)	amputírati
coma (het)	**кома** (ж)	kóma
in coma liggen	**бити у коми**	bíti u kómi
intensieve zorg, ICU (de)	**реанимација** (ж)	reanimácija
zich herstellen (ww)	**оздрављати** (нг)	ózdravljati
toestand (de)	**стање** (с)	stánje
bewustzijn (het)	**свест** (ж)	svest
geheugen (het)	**памћење** (с)	pámćenje
trekken (een kies ~)	**вадити** (пг)	váditi

vulling (de)	**пломба** (ж)	plómba
vullen (ww)	**пломбирати** (пг)	plombírati
hypnose (de)	**хипноза** (ж)	hipnóza
hypnotiseren (ww)	**хипнотизирати** (пг)	hipnotizírati

72. Artsen

dokter, arts (de)	**лекар** (м)	lékar
ziekenzuster (de)	**медицинска сестра** (ж)	médicinska séstra
lijfarts (de)	**лични лекар** (м)	líčni lékar
tandarts (de)	**зубар** (м)	zúbar
oogarts (de)	**окулиста** (м)	okulísta
therapeut (de)	**терапеут** (м)	terapéut
chirurg (de)	**хирург** (м)	hírurg
psychiater (de)	**психијатар** (м)	psihijátar
pediater (de)	**педијатар** (м)	pedíjatar
psycholoog (de)	**психолог** (м)	psihólog
gynaecoloog (de)	**гинеколог** (м)	ginekólog
cardioloog (de)	**кардиолог** (м)	kardiólog

73. Geneeskunde. Medicijnen. Accessoires

geneesmiddel (het)	**лек** (м)	lek
middel (het)	**средство** (с)	srédstvo
voorschrijven (ww)	**преписивати** (пг)	prepisívati
recept (het)	**рецепт** (м)	récept
tablet (de/het)	**таблета** (ж)	tabléta
zalf (de)	**маст** (ж)	mast
ampul (de)	**ампула** (ж)	ámpula
drank (de)	**микстура** (ж)	mikstúra
siroop (de)	**сируп** (м)	sírup
pil (de)	**пилула** (ж)	pílula
poeder (de/het)	**прашак** (м)	prášak
verband (het)	**завој** (м)	závoj
watten (mv.)	**вата** (ж)	váta
jodium (het)	**јод** (м)	jod
pleister (de)	**фластер** (м)	fláster
pipet (de)	**пипета** (ж)	pipéta
thermometer (de)	**термометар** (м)	térmometar
spuit (de)	**шприц** (м)	špric
rolstoel (de)	**инвалидска колица** (мн)	inválidska kolíca
krukken (mv.)	**штаке** (мн)	štáke
pijnstiller (de)	**аналгетик** (м)	analgétik
laxeermiddel (het)	**лаксатив** (м)	láksativ

spiritus (de)	**алкохол** (м)	álkohol
medicinale kruiden (mv.)	**лековито биље** (с)	lékovito bílje
kruiden- (abn)	**биљни**	bíljni

74. Roken. Tabaksproducten

tabak (de)	**дуван** (м)	dúvan
sigaret (de)	**цигарета** (ж)	cigaréta
sigaar (de)	**цигара** (ж)	cigára
pijp (de)	**лула** (ж)	lúla
pakje (~ sigaretten)	**пакло** (с)	páklo
lucifers (mv.)	**шибице** (мн)	šíbice
luciferdoosje (het)	**кутија** (ж) **шибица**	kútija šíbica
aansteker (de)	**упаљач** (м)	upáljač
asbak (de)	**пепељара** (ж)	pepéljara
sigarettendoosje (het)	**табакера** (ж)	tabakéra
sigarettenpijpje (het)	**муштикла** (ж)	múštikla
filter (de/het)	**филтар** (м)	fíltar
roken (ww)	**пушити** (нг, пг)	púšiti
een sigaret opsteken	**запалити цигарету**	zapáliti cigarétu
roken (het)	**пушење** (с)	púšenje
roker (de)	**пушач** (м)	púšač
peuk (de)	**опушак** (м)	ópušak
rook (de)	**дим** (м)	dim
as (de)	**пепео** (м)	pépeo

HET MENSELIJKE LEEFGEBIED

Stad

75. Stad. Het leven in de stad

stad (de)	**град** (м)	grad
hoofdstad (de)	**главни град** (м), **престоница** (ж)	glávni grad, préstonica
dorp (het)	**село** (с)	sélo
plattegrond (de)	**план** (м) **града**	plan gráda
centrum (ov. een stad)	**центар** (м) **града**	céntar gráda
voorstad (de)	**предграђе** (с)	prédgrađe
voorstads- (abn)	**приградски**	prígradski
randgemeente (de)	**предграђе** (с)	prédgrađe
omgeving (de)	**околина** (ж)	ókolina
blok (huizenblok)	**четврт** (ж)	čétvrt
woonwijk (de)	**стамбена четврт** (ж)	stámbena četvrt
verkeer (het)	**саобраћај** (м)	sáobraćaj
verkeerslicht (het)	**семафор** (м)	sémafor
openbaar vervoer (het)	**градски превоз** (м)	grádski prévoz
kruispunt (het)	**раскрсница** (ж)	ráskrsnica
zebrapad (oversteekplaats)	**пешачки прелаз** (м)	pěšački prélaz
onderdoorgang (de)	**подземни пролаз** (м)	pódzemni prólaz
oversteken (de straat ~)	**прелазити** (пг)	prélaziti
voetganger (de)	**пешак** (м)	péšak
trottoir (het)	**тротоар** (м)	trotóar
brug (de)	**мост** (м)	most
dijk (de)	**кеј** (м)	kej
fontein (de)	**чесма** (ж)	česma
allee (de)	**алеја** (ж)	aléja
park (het)	**парк** (м)	park
boulevard (de)	**булевар** (м)	bulévar
plein (het)	**трг** (м)	tŕg
laan (de)	**авенија** (ж)	avénija
straat (de)	**улица** (ж)	úlica
zijstraat (de)	**споредна улица** (ж)	spóredna úlica
doodlopende straat (de)	**ћорсокак** (м)	ćorsókak
huis (het)	**кућа** (ж)	kúća
gebouw (het)	**зграда** (ж)	zgráda
wolkenkrabber (de)	**небодер** (м)	néboder
gevel (de)	**фасада** (ж)	fasáda

dak (het)	**кров** (м)	krov
venster (het)	**прозор** (м)	prózor
boog (de)	**лук** (м)	luk
pilaar (de)	**колона** (ж)	kolóna
hoek (ov. een gebouw)	**угао, ћошак** (м)	úgao, ćóšak
vitrine (de)	**излог** (м)	ízlog
gevelreclame (de)	**натпис** (м)	nátpis
affiche (de/het)	**плакат** (м)	plákat
reclameposter (de)	**рекламни постер** (м)	réklamni póster
aanplakbord (het)	**билборд** (м)	bílbord
vuilnis (de/het)	**смеће, ђубре** (с)	smeće, đúbre
vuilnisbak (de)	**корпа** (ж) **за смеће**	kórpa za sméće
afval weggooien (ww)	**бацати ђубре**	bácati đúbre
stortplaats (de)	**депонија** (ж)	depónija
telefooncel (de)	**говорница** (ж)	góvornica
straatlicht (het)	**стуб** (м)	stub
bank (de)	**клупа** (ж)	klúpa
politieagent (de)	**полицајац** (м)	policájac
politie (de)	**полиција** (ж)	polícija
zwerver (de)	**просјак** (м)	prósjak
dakloze (de)	**бескућник** (м)	béskućnik

76. Stedelijke instellingen

winkel (de)	**продавница** (ж)	pródavnica
apotheek (de)	**апотека** (ж)	apotéka
optiek (de)	**оптика** (ж)	óptika
winkelcentrum (het)	**тржни центар** (м)	tŕžni céntar
supermarkt (de)	**супермаркет** (м)	supermárket
bakkerij (de)	**пекара** (ж)	pékara
bakker (de)	**пекар** (м)	pékar
banketbakkerij (de)	**посластичарница** (ж)	poslastičárnica
kruidenier (de)	**бакалница** (ж)	bakálnica
slagerij (de)	**месара** (ж)	mésara
groentewinkel (de)	**пиљарница** (ж)	píljarnica
markt (de)	**пијаца** (ж)	píjaca
koffiehuis (het)	**кафић** (м), **кафана** (ж)	káfić, kafána
restaurant (het)	**ресторан** (м)	restóran
bar (de)	**пивница** (ж)	pívnica
pizzeria (de)	**пицерија** (ж)	picérija
kapperssalon (de/het)	**фризерски салон** (м)	frízerski sálon
postkantoor (het)	**пошта** (ж)	póšta
stomerij (de)	**хемијско чишћење** (с)	hémijsko číšćenje
fotostudio (de)	**фото атеље** (м)	fóto atélje
schoenwinkel (de)	**продавница** (ж) **обуће**	pródavnica óbuće
boekhandel (de)	**књижара** (ж)	knjížara

sportwinkel (de)	**спортска радња** (ж)	spórtska rádnja
kledingreparatie (de)	**поправка** (ж) **одеће**	pópravka ódeće
kledingverhuur (de)	**изнајмљивање** (с) **одеће**	iznajmljívanje ódeće
videotheek (de)	**изнајмљивање** (с) **филмова**	iznajmljívanje fílmova
circus (de/het)	**циркус** (м)	církus
dierentuin (de)	**зоолошки врт** (м)	zoóloški vŕt
bioscoop (de)	**биоскоп** (м)	bíoskop
museum (het)	**музеј** (м)	múzej
bibliotheek (de)	**библиотека** (ж)	biblióteka
theater (het)	**позориште** (с)	pózorište
opera (de)	**опера** (ж)	ópera
nachtclub (de)	**ноћни клуб** (м)	nóćni klub
casino (het)	**коцкарница** (ж)	kóckarnica
moskee (de)	**џамија** (ж)	džámija
synagoge (de)	**синагога** (ж)	sinagóga
kathedraal (de)	**катедрала** (ж)	katedrála
tempel (de)	**храм** (м)	hram
kerk (de)	**црква** (ж)	cŕkva
instituut (het)	**институт** (м)	institút
universiteit (de)	**универзитет** (м)	univerzitét
school (de)	**школа** (ж)	škóla
gemeentehuis (het)	**управа** (ж)	úprava
stadhuis (het)	**градска кућа** (ж)	grádska kúća
hotel (het)	**хотел** (м)	hótel
bank (de)	**банка** (ж)	bánka
ambassade (de)	**амбасада** (ж)	ambasáda
reisbureau (het)	**туристичка агенција** (ж)	turístička agéncija
informatieloket (het)	**биро** (с) **за информације**	bíro za informácije
wisselkantoor (het)	**мењачница** (ж)	menjáčnica
metro (de)	**метро** (м)	métro
ziekenhuis (het)	**болница** (ж)	bólnica
benzinestation (het)	**бензинска станица** (ж)	bénzinska stánica
parking (de)	**паркиралиште** (с)	parkíralište

77. Stedelijk vervoer

bus, autobus (de)	**аутобус** (м)	autóbus
tram (de)	**трамвај** (м)	trámvaj
trolleybus (de)	**тролејбус** (м)	troléjbus
route (de)	**маршрута** (ж)	maršrúta
nummer (busnummer, enz.)	**број** (м)	broj
rijden met …	**ићи …**	íći …
stappen (in de bus ~)	**ући у …**	úći u …
afstappen (ww)	**сићи** (нг), **изаћи из …**	síći, ízaći iz …

halte (de)	**станица** (ж)	stánica
volgende halte (de)	**следећа станица** (ж)	slédeća stánica
eindpunt (het)	**последња станица** (ж)	póslednja stánica
dienstregeling (de)	**ред** (м) **вожње**	red vóžnje
wachten (ww)	**чекати** (нг, пг)	čékati
kaartje (het)	**карта** (ж)	kárta
reiskosten (de)	**цена** (ж) **карте**	céna kárte
kassier (de)	**благајник** (м)	blágajnik
kaartcontrole (de)	**контрола** (ж)	kontróla
controleur (de)	**контролер** (м)	kontróler
te laat zijn (ww)	**каснити** (нг)	kásniti
missen (de bus ~)	**пропустити** (пг)	propústiti
zich haasten (ww)	**журити** (нг)	žúriti
taxi (de)	**такси** (м)	táksi
taxichauffeur (de)	**таксиста** (м)	táksista
met de taxi (bw)	**таксијем**	táksijem
taxistandplaats (de)	**такси станица** (ж)	táksi stánica
een taxi bestellen	**позвати такси**	pózvati táksi
een taxi nemen	**узети такси**	úzeti taksi
verkeer (het)	**саобраћај** (м)	sáobraćaj
file (de)	**гужва** (ж)	gúžva
spitsuur (het)	**шпиц** (м)	špic
parkeren (on.ww.)	**паркирати се**	parkírati se
parkeren (ov.ww.)	**паркирати** (пг)	parkírati
parking (de)	**паркиралиште** (с)	parkíralište
metro (de)	**метро** (м)	métro
halte (bijv. kleine treinhalte)	**станица** (ж)	stánica
de metro nemen	**ићи метроом**	ići metróom
trein (de)	**воз** (м)	voz
station (treinstation)	**железничка станица** (ж)	żéleznička stánica

78. Bezienswaardigheden

monument (het)	**споменик** (м)	spómenik
vesting (de)	**тврђава** (ж)	tvŕđava
paleis (het)	**палата** (ж)	paláta
kasteel (het)	**замак** (м)	zámak
toren (de)	**кула** (ж)	kúla
mausoleum (het)	**маузолеј** (м)	mauzólej
architectuur (de)	**архитектура** (ж)	arhitektúra
middeleeuws (bn)	**средњовековни**	srednjovékovni
oud (bn)	**старински**	starínski
nationaal (bn)	**национални**	nacionálni
bekend (bn)	**чувен**	čúven
toerist (de)	**туриста** (м)	turísta
gids (de)	**водич** (м)	vódič

rondleiding (de)	**екскурзија** (ж)	ekskúrzija
tonen (ww)	**показивати** (пг)	pokazívati
vertellen (ww)	**причати** (пг)	príčati
vinden (ww)	**наћи** (пг)	náći
verdwalen (de weg kwijt zijn)	**изгубити се**	izgúbiti se
plattegrond (~ van de metro)	**мапа** (ж)	mápa
plattegrond (~ van de stad)	**план** (м)	plan
souvenir (het)	**сувенир** (м)	suvénir
souvenirwinkel (de)	**продавница** (ж) **сувенира**	pródavnica suveníra
foto's maken	**сликати** (пг)	slíkati
zich laten fotograferen	**сликати се**	slíkati se

79. Winkelen

kopen (ww)	**куповати** (пг)	kupóvati
aankoop (de)	**куповина** (ж)	kupóvina
winkelen (ww)	**ићи у шопинг**	íći u šóping
winkelen (het)	**куповина** (ж)	kupóvina
open zijn (ov. een winkel, enz.)	**бити отворен**	bíti ótvoren
gesloten zijn (ww)	**бити затворен**	bíti zátvoren
schoeisel (het)	**обућа** (ж)	óbuća
kleren (mv.)	**одећа** (ж)	ódeća
cosmetica (mv.)	**козметика** (ж)	kozmétika
voedingswaren (mv.)	**намирнице** (мн)	námirnice
geschenk (het)	**поклон** (м)	póklon
verkoper (de)	**продавач** (м)	prodávač
verkoopster (de)	**продавачица** (ж)	prodaváčica
kassa (de)	**благајна** (ж)	blágajna
spiegel (de)	**огледало** (с)	oglédalo
toonbank (de)	**тезга** (ж)	tézga
paskamer (de)	**кабина** (ж)	kabína
aanpassen (ww)	**пробати** (пг)	próbati
passen (ov. kleren)	**пристајати** (нг)	prístajati
bevallen (prettig vinden)	**свиђати се**	svíđati se
prijs (de)	**цена** (ж)	céna
prijskaartje (het)	**ценовник** (м)	cénovnik
kosten (ww)	**коштати** (нг)	kóštati
Hoeveel?	**Колико?**	Kolíko?
korting (de)	**попуст** (м)	pópust
niet duur (bn)	**није скуп**	níje skup
goedkoop (bn)	**јефтин**	jéftin
duur (bn)	**скуп**	skup
Dat is duur.	**То је скупо**	To je skúpo
verhuur (de)	**изнајмљивање** (с)	iznajmljívanje

huren (smoking, enz.)	**изнајмити** (пг)	iznájmiti
krediet (het)	**кредит** (м)	krédit
op krediet (bw)	**на кредит**	na krédit

80. Geld

geld (het)	**новац** (м)	nóvac
ruil (de)	**размена** (ж)	rázmena
koers (de)	**курс** (м)	kurs
geldautomaat (de)	**банкомат** (м)	bánkomat
muntstuk (de)	**новчић** (м)	nóvčić
dollar (de)	**долар** (м)	dólar
euro (de)	**евро** (м)	évro
lire (de)	**италијанска лира** (ж)	itálijanska líra
Duitse mark (de)	**немачка марка** (ж)	némačka márka
frank (de)	**франак** (м)	frának
pond sterling (het)	**фунта** (ж)	fúnta
yen (de)	**јен** (м)	jen
schuld (geldbedrag)	**дуг** (м)	dug
schuldenaar (de)	**дужник** (м)	dúžnik
uitlenen (ww)	**посудити**	posúditi
lenen (geld ~)	**позајмити** (пг)	pozájmiti
bank (de)	**банка** (ж)	bánka
bankrekening (de)	**рачун** (м)	ráčun
storten (ww)	**положити** (пг)	polóžiti
op rekening storten	**положити на рачун**	polóžiti na ráčun
opnemen (ww)	**подићи са рачуна**	pódići sa račúna
kredietkaart (de)	**кредитна картица** (ж)	kréditna kártica
baar geld (het)	**готовина** (ж)	gótovina
cheque (de)	**чек** (м)	ček
een cheque uitschrijven	**написати чек**	napísati ček
chequeboekje (het)	**чековна књижица** (ж)	čékovna knjížica
portefeuille (de)	**новчаник** (м)	novčánik
geldbeugel (de)	**новчаник** (м)	novčánik
safe (de)	**сеф** (м)	sef
erfgenaam (de)	**наследник** (м)	následnik
erfenis (de)	**наследство** (с)	následstvo
fortuin (het)	**богатство** (с)	bogátstvo
huur (de)	**закуп, најам** (м)	zákup, nájam
huurprijs (de)	**станарина** (ж)	stánarina
huren (huis, kamer)	**изнајмити** (пг)	iznájmiti
prijs (de)	**цена** (ж)	céna
kostprijs (de)	**вредност** (ж)	vrédnost
som (de)	**износ** (м)	íznos
uitgeven (geld besteden)	**трошити** (пг)	tróšiti

kosten (mv.)	**трошкови** (мн)	tróškovi
bezuinigen (ww)	**штедети** (нг, пг)	štédeti
zuinig (bn)	**штедљив**	štédljiv
betalen (ww)	**платити** (нг, пг)	plátiti
betaling (de)	**плаћање** (с)	plaćanje
wisselgeld (het)	**кусур** (м)	kúsur
belasting (de)	**порез** (м)	pórez
boete (de)	**новчана казна** (ж)	nóvčana kázna
beboeten (bekeuren)	**кажњавати** (пг)	kažnjávati

81. Post. Postkantoor

postkantoor (het)	**пошта** (ж)	póšta
post (de)	**пошта** (ж)	póšta
postbode (de)	**поштар** (м)	póštar
openingsuren (mv.)	**радно време** (с)	rádno vréme
brief (de)	**писмо** (с)	písmo
aangetekende brief (de)	**препоручено писмо** (с)	préporučeno písmo
briefkaart (de)	**разгледница** (ж)	rázglednica
telegram (het)	**телеграм** (м)	télegram
postpakket (het)	**пакет** (м)	páket
overschrijving (de)	**пренос** (м) **новца**	prénos nóvca
ontvangen (ww)	**примити** (пг)	prímiti
sturen (zenden)	**послати** (пг)	póslati
verzending (de)	**слање** (с)	slánje
adres (het)	**адреса** (ж)	adrésa
postcode (de)	**поштански број** (м)	póštanski broj
verzender (de)	**пошиљалац** (м)	póšiljalac
ontvanger (de)	**прималац** (м)	prímalac
naam (de)	**име** (с)	íme
achternaam (de)	**презиме** (с)	prézime
tarief (het)	**тарифа** (ж)	tarífa
standaard (bn)	**обичан**	óbičan
zuinig (bn)	**економичан**	ekónomičan
gewicht (het)	**тежина** (ж)	težína
afwegen (op de weegschaal)	**вагати** (пг)	vágati
envelop (de)	**коверат** (м)	kovérat
postzegel (de)	**поштанска марка** (ж)	poštanska márka
een postzegel plakken op	**лепити марку**	lépiti márku

Woning. Huis. Thuis

82. Huis. Woning

huis (het)	**кућа** (ж)	kúća
thuis (bw)	**код куће**	kod kúće
cour (de)	**двориште** (с)	dvórište
omheining (de)	**ограда** (ж)	ógrada
baksteen (de)	**опека, цигла** (ж)	ópeka, cígla
van bakstenen	**циглени**	cígleni
steen (de)	**камен** (м)	kámen
stenen (bn)	**камени**	kámeni
beton (het)	**бетон** (м)	béton
van beton	**бетонски**	bétonski
nieuw (bn)	**нов**	nov
oud (bn)	**стар**	star
vervallen (bn)	**трошан**	tróšan
modern (bn)	**савремен**	sávremen
met veel verdiepingen	**вишеспратни**	višesprátni
hoog (bn)	**висок**	vísok
verdieping (de)	**спрат** (м)	sprat
met een verdieping	**једноспратан**	jédnospratan
laagste verdieping (de)	**приземље** (с)	prízemlje
bovenverdieping (de)	**горњи спрат** (м)	górnji sprat
dak (het)	**кров** (м)	krov
schoorsteen (de)	**димњак** (м)	dímnjak
dakpan (de)	**цреп** (м)	crep
pannen- (abn)	**поплочан, од црепа**	pópločan, od crépa
zolder (de)	**поткровље** (с), **таван** (м)	pótkrovlje, távan
venster (het)	**прозор** (м)	prózor
glas (het)	**стакло** (с)	stáklo
vensterbank (de)	**прозорска даска** (ж)	prózorska dáska
luiken (mv.)	**прозорски капци** (мн)	prózorski kápci
muur (de)	**зид** (м)	zid
balkon (het)	**балкон** (м)	bálkon
regenpijp (de)	**олучна цев** (ж)	ólučna cev
boven (bw)	**на горњем спрату**	na górnjem sprátu
naar boven gaan (ww)	**пењати се**	pénjati se
afdalen (on.ww.)	**спуштати се**	spúštati se
verhuizen (ww)	**преселити се**	preséliti se

83. Huis. Ingang. Lift

ingang (de)	**улаз** (м)	úlaz
trap (de)	**степениште** (с)	stépenište
treden (mv.)	**степенице** (мн)	stépenice
trapleuning (de)	**ограда** (ж) **за степенице**	ógrada za stépenice
hal (de)	**хол** (м)	hol
postbus (de)	**поштанско сандуче** (с)	póštansko sánduče
vuilnisbak (de)	**канта** (ж) **за ђубре**	kánta za đúbre
vuilniskoker (de)	**одводна цев** (ж) **за ђубре**	ódvodna cev za đúbre
lift (de)	**лифт** (м)	lift
goederenlift (de)	**теретни лифт** (м)	téretni lift
liftcabine (de)	**кабина** (ж)	kabína
de lift nemen	**возити се лифтом**	vóziti se líftom
appartement (het)	**стан** (м)	stan
bewoners (mv.)	**станари** (мн)	stánari
buurman (de)	**комшија** (м)	kómšija
buurvrouw (de)	**комшиница** (ж)	kómšinica
buren (mv.)	**комшије** (мн)	kómšije

84. Huis. Deuren. Sloten

deur (de)	**врата** (мн)	vráta
toegangspoort (de)	**капија** (ж)	kápija
deurkruk (de)	**квака** (ж)	kváka
ontsluiten (ontgrendelen)	**откључати** (пг)	otkljúčati
openen (ww)	**отварати** (пг)	otvárati
sluiten (ww)	**затварати** (пг)	zatvárati
sleutel (de)	**кључ** (м)	ključ
sleutelbos (de)	**свежањ** (м)	svéžanj
knarsen (bijv. scharnier)	**шкрипати** (нг)	škrípati
knarsgeluid (het)	**шкрипа** (ж)	škrípa
scharnier (het)	**шарка** (ж)	šárka
deurmat (de)	**отирач** (м)	otírač
slot (het)	**брава** (ж)	bráva
sleutelgat (het)	**кључаоница** (ж)	ključaónica
grendel (de)	**засун** (м)	zásun
schuif (de)	**реза** (ж)	réza
hangslot (het)	**катанац** (м)	kátanac
aanbellen (ww)	**звонити** (нг)	zvóniti
bel (geluid)	**звоно** (с)	zvóno
deurbel (de)	**звонце** (с)	zvónce
belknop (de)	**дугме** (с)	dúgme
geklop (het)	**куцање** (с)	kúcanje
kloppen (ww)	**куцати** (нг)	kúcati

code (de)	**код** (м)	kod
cijferslot (het)	**брава** (ж) **са шифром**	bráva sa šífrom
parlofoon (de)	**интерфон** (м)	ínterfon
nummer (het)	**број** (м)	broj
naambordje (het)	**плочица** (ж) **на вратима**	pločica na vrátima
deurspion (de)	**шпијунка** (ж)	špíjunka

85. Huis op het platteland

dorp (het)	**село** (с)	sélo
moestuin (de)	**повртњак** (м)	póvrtnjak
hek (het)	**ограда** (ж)	ógrada
houten hekwerk (het)	**дрвена ограда** (ж)	dŕvena ógrada
tuinpoortje (het)	**капија** (ж), **капиџик** (м)	kápija, kapídžik
graanschuur (de)	**амбар** (м)	ámbar
wortelkelder (de)	**подрум** (м)	pódrum
schuur (de)	**шупа** (ж)	šúpa
waterput (de)	**бунар** (м)	búnar
kachel (de)	**пећ** (ж)	peć
de kachel stoken	**ложити пећ**	lóžiti peć
brandhout (het)	**дрва** (мн)	dŕva
houtblok (het)	**цепаница** (ж)	cépanica
veranda (de)	**веранда** (ж)	veránda
terras (het)	**тераса** (ж)	terása
bordes (het)	**трем** (м)	trem
schommel (de)	**љуљашка** (ж)	ljúljaška

86. Kasteel. Paleis

kasteel (het)	**замак** (м)	zámak
paleis (het)	**палата** (ж)	paláta
vesting (de)	**тврђава** (ж)	tvŕđava
ringmuur (de)	**зид** (м)	zid
toren (de)	**кула** (ж)	kúla
donjon (de)	**главна кула** (ж)	glávna kúla
valhek (het)	**подизна решетка** (ж)	pódizna réšetka
onderaardse gang (de)	**подземни пролаз** (м)	pódzemni prólaz
slotgracht (de)	**шанац** (м)	šánac
ketting (de)	**ланац** (м)	lánac
schietgat (het)	**пушкарница** (ж)	púškarnica
prachtig (bn)	**велелепан**	velelépan
majestueus (bn)	**величанствен**	veličánstven
onneembaar (bn)	**неосвојив**	neosvójiv
middeleeuws (bn)	**средњовековни**	srednjovékovni

87. Appartement

appartement (het)	**стан** (м)	stan
kamer (de)	**соба** (ж)	sóba
slaapkamer (de)	**спаваћа соба** (ж)	spávaća sóba
eetkamer (de)	**трпезарија** (ж)	trpezárija
salon (de)	**дневна соба** (ж)	dnévna sóba
studeerkamer (de)	**кабинет** (м)	kabínet
gang (de)	**ходник** (м)	hódnik
badkamer (de)	**купатило** (с)	kupátilo
toilet (het)	**тоалет** (м)	toálet
plafond (het)	**плафон** (м)	pláfon
vloer (de)	**под** (м)	pod
hoek (de)	**угао, ћошак** (м)	úgao, ćóšak

88. Appartement. Schoonmaken

schoonmaken (ww)	**поспремати** (пг)	posprémati
opbergen (in de kast, enz.)	**склонити** (пг)	sklóniti
stof (het)	**прашина** (ж)	prášina
stoffig (bn)	**прашњав**	prášnjav
stoffen (ww)	**брисати прашину**	brísati prášinu
stofzuiger (de)	**усисивач** (м)	usisívač
stofzuigen (ww)	**усисавати** (нг, пг)	usisávati
vegen (de vloer ~)	**мести** (нг, пг)	mésti
veegsel (het)	**прљавштина** (ж)	prljávština
orde (de)	**ред** (м)	red
wanorde (de)	**неред** (м)	néred
zwabber (de)	**џогер** (м)	džóger
poetsdoek (de)	**крпа** (ж)	kŕpa
veger (de)	**метла** (ж)	métla
stofblik (het)	**ђубровник** (м)	đúbrovnik

89. Meubels. Interieur

meubels (mv.)	**намештај** (м)	námeštaj
tafel (de)	**сто** (м)	sto
stoel (de)	**столица** (ж)	stólica
bed (het)	**кревет** (м)	krévet
bankstel (het)	**диван** (м)	dívan
fauteuil (de)	**фотеља** (ж)	fotélja
boekenkast (de)	**орман** (м) **за књиге**	órman za knjíge
boekenrek (het)	**полица** (ж)	pólica
kledingkast (de)	**орман** (м)	órman
kapstok (de)	**вешалица** (ж)	véšalica

staande kapstok (de)	**чивилук** (м)	číviluk
commode (de)	**комода** (ж)	komóda
salontafeltje (het)	**столић** (м) **за кафу**	stólic za kafu
spiegel (de)	**огледало** (с)	oglédalo
tapijt (het)	**тепих** (м)	tépih
tapijtje (het)	**ћилимче** (с)	ćilímče
haard (de)	**камин** (м)	kámin
kaars (de)	**свећа** (ж)	svéća
kandelaar (de)	**свећњак** (м)	svéćnjak
gordijnen (mv.)	**завесе** (мн)	závese
behang (het)	**тапете** (мн)	tapéte
jaloezie (de)	**ролетна** (ж)	róletna
bureaulamp (de)	**стона лампа** (ж)	stóna lámpa
wandlamp (de)	**зидна светиљка** (ж)	zídna svétiljka
staande lamp (de)	**подна лампа** (ж)	pódna lámpa
luchter (de)	**лустер** (м)	lúster
poot (ov. een tafel, enz.)	**нога** (ж)	nóga
armleuning (de)	**наслон** (м) **за руку**	náslon za rúku
rugleuning (de)	**наслон** (м)	náslon
la (de)	**фиока** (ж)	fióka

90. Beddengoed

beddengoed (het)	**постељина** (ж)	posteljína
kussen (het)	**јастук** (м)	jástuk
kussenovertrek (de)	**јастучница** (ж)	jástučnica
deken (de)	**јорган** (м)	jórgan
laken (het)	**чаршав** (м)	čáršav
sprei (de)	**покривач** (м)	pokrívač

91. Keuken

keuken (de)	**кухиња** (ж)	kúhinja
gas (het)	**гас** (м)	gas
gasfornuis (het)	**плински шпорет** (м)	plínski špóret
elektrisch fornuis (het)	**електрични шпорет** (м)	eléktrični šporet
oven (de)	**рерна** (ж)	rérna
magnetronoven (de)	**микроталасна рерна** (ж)	mikrotálasna rérna
koelkast (de)	**фрижидер** (м)	frížider
diepvriezer (de)	**замрзивач** (м)	zamrzívač
vaatwasmachine (de)	**машина** (ж) **за прање судова**	mašína za pránje súdova
vleesmolen (de)	**млин** (м) **за месо**	mlin za méso
vruchtenpers (de)	**соковник** (м)	sókovnik
toaster (de)	**тостер** (м)	tóster

mixer (de)	**миксер** (м)	míkser
koffiemachine (de)	**апарат** (м) **за кафу**	apárat za káfu
koffiepot (de)	**лонче** (с) **за кафу**	lónče za káfu
koffiemolen (de)	**млин** (м) **за кафу**	mlin za káfu
fluitketel (de)	**кувало, чајник** (м)	kúvalo, čájnik
theepot (de)	**чајник** (м)	čájnik
deksel (de/het)	**поклопац** (м)	póklopac
theezeefje (het)	**цедиљка** (ж)	cédiljka
lepel (de)	**кашика** (ж)	kášika
theelepeltje (het)	**кашичица** (ж)	kášičica
eetlepel (de)	**супена кашика** (ж)	súpena kášika
vork (de)	**виљушка** (ж)	víljuška
mes (het)	**нож** (м)	nož
vaatwerk (het)	**посуђе** (с)	pósuđe
bord (het)	**тањир** (м)	tánjir
schoteltje (het)	**тацна** (ж)	tácna
likeurglas (het)	**чашица** (ж)	čášica
glas (het)	**чаша** (ж)	čáša
kopje (het)	**шоља** (ж)	šólja
suikerpot (de)	**шећерница** (ж)	šéćernica
zoutvat (het)	**сланик** (м)	slánik
pepervat (het)	**биберница** (ж)	bíbernica
boterschaaltje (het)	**посуда** (ж) **за маслац**	pósuda za máslac
pan (de)	**шерпа** (ж), **лонац** (м)	šerpa, lónac
bakpan (de)	**тигањ** (м)	tíganj
pollepel (de)	**кутлача** (ж)	kútlača
vergiet (de/het)	**цедиљка** (ж)	cédiljka
dienblad (het)	**послужавник** (м)	poslúžavnik
fles (de)	**боца, флаша** (ж)	bóca, fláša
glazen pot (de)	**тегла** (ж)	tégla
blik (conserven~)	**лименка** (ж)	límenka
flesopener (de)	**отварач** (м)	otvárač
blikopener (de)	**отварач** (м)	otvárač
kurkentrekker (de)	**вадичеп** (м)	vádičep
filter (de/het)	**филтар** (м)	fíltar
filteren (ww)	**филтрирати** (пг)	filtrírati
huisvuil (het)	**смеће, ђубре** (с)	smeće, đúbre
vuilnisemmer (de)	**канта** (ж) **за ђубре**	kánta za đúbre

92. Badkamer

badkamer (de)	**купатило** (с)	kupátilo
water (het)	**вода** (ж)	vóda
kraan (de)	**славина** (ж)	slávina
warm water (het)	**топла вода** (ж)	tópla vóda

koud water (het)	**хладна вода** (ж)	hládna vóda
tandpasta (de)	**паста** (ж) **за зубе**	pásta za zúbe
tanden poetsen (ww)	**прати зубе**	práti zúbe
tandenborstel (de)	**четкица** (ж) **за зубе**	čétkica za zúbe
zich scheren (ww)	**бријати се**	bríjati se
scheercrème (de)	**пена** (ж) **за бријање**	péna za bríjanje
scheermes (het)	**бријач** (м)	bríjač
wassen (ww)	**прати** (пг)	práti
een bad nemen	**купати се**	kúpati se
douche (de)	**туш** (м)	tuš
een douche nemen	**туширати се**	tušírati se
bad (het)	**када** (ж)	káda
toiletpot (de)	**ВЦ шоља** (ж)	VC šólja
wastafel (de)	**лавабо** (м)	lavábo
zeep (de)	**сапун** (м)	sápun
zeepbakje (het)	**кутија** (ж) **за сапун**	kútija za sápun
spons (de)	**сунђер** (м)	súnđer
shampoo (de)	**шампон** (м)	šámpon
handdoek (de)	**пешкир** (м)	péškir
badjas (de)	**баде мантил** (м)	báde mántil
was (bijv. handwas)	**прање** (с)	pránje
wasmachine (de)	**веш машина** (ж)	veš mašína
de was doen	**прати веш**	práti veš
waspoeder (de)	**прашак** (м) **за веш**	prášak za veš

93. Huishoudelijke apparaten

televisie (de)	**телевизор** (м)	televízor
cassettespeler (de)	**касетофон** (м)	kasetofon
videorecorder (de)	**видео рекордер** (м)	vídeo rekórder
radio (de)	**радио** (м)	rádio
speler (de)	**плејер** (м)	pléjer
videoprojector (de)	**видео пројектор** (м)	vídeo projéktor
home theater systeem (het)	**кућни биоскоп** (м)	kúćni bíoskop
DVD-speler (de)	**ДВД плејер** (м)	DVD plejer
versterker (de)	**појачало** (с)	pojáčalo
spelconsole (de)	**играћа конзола** (ж)	ígraća konzóla
videocamera (de)	**видеокамера** (ж)	vídeokámera
fotocamera (de)	**фотоапарат** (м)	fotoapárat
digitale camera (de)	**дигитални фотоапарат** (м)	dígitalni fotoapárat
stofzuiger (de)	**усисивач** (м)	usisívač
strijkijzer (het)	**пегла** (ж)	pégla
strijkplank (de)	**даска** (ж) **за пеглање**	dáska za péglanje
telefoon (de)	**телефон** (м)	teléfon
mobieltje (het)	**мобилни телефон** (м)	móbilni teléfon

schrijfmachine (de)	**писаћа машина** (ж)	písaća mašína
naaimachine (de)	**шиваћа машина** (ж)	šívaća mašína
microfoon (de)	**микрофон** (м)	míkrofon
koptelefoon (de)	**слушалице** (мн)	slúšalice
afstandsbediening (de)	**даљински управљач** (м)	daljínski uprávljač
CD (de)	**ЦД диск** (м)	CD disk
cassette (de)	**касета** (ж)	kaséta
vinylplaat (de)	**плоча** (ж)	plóča

94. Reparaties. Renovatie

renovatie (de)	**реновирање** (с)	renovíranje
renoveren (ww)	**реновирати** (пг)	renovírati
repareren (ww)	**поправљати** (пг)	pópravljati
op orde brengen	**доводити у ред**	dovóditi u red
overdoen (ww)	**поново урадити**	pónovo uráditi
verf (de)	**фарба** (ж)	fárba
verven (muur ~)	**бојити** (пг)	bójiti
schilder (de)	**молер** (м)	móler
kwast (de)	**четка** (ж)	čétka
kalk (de)	**белило** (с), **креч** (м)	bélilo, kreč
kalken (ww)	**белити** (нг)	béliti
behang (het)	**тапете** (мн)	tapéte
behangen (ww)	**налепити тапете**	nálepiti tapéte
lak (de/het)	**лак** (м)	lak
lakken (ww)	**лакирати**	lakírati

95. Loodgieterswerk

water (het)	**вода** (ж)	vóda
warm water (het)	**топла вода** (ж)	tópla vóda
koud water (het)	**хладна вода** (ж)	hládna vóda
kraan (de)	**славина** (ж)	slávina
druppel (de)	**кап** (ж)	kap
druppelen (ww)	**капати** (нг)	kápati
lekken (een lek hebben)	**цурити** (нг)	cúriti
lekkage (de)	**цурење** (с)	cúrenje
plasje (het)	**бара** (ж)	bára
buis, leiding (de)	**цев** (ж)	cev
stopkraan (de)	**вентил** (м)	véntil
verstopt raken (ww)	**зачепити се**	začépiti se
gereedschap (het)	**алати** (мн)	álati
Engelse sleutel (de)	**подешавајући кључ** (м)	podešávajući ključ
losschroeven (ww)	**одврнути** (пг)	odvŕnuti

aanschroeven (ww)	**заврнути, стегнути** (пг)	závrnuti, stégnuti
ontstoppen (riool, enz.)	**отпушити** (пг)	otpúšiti
loodgieter (de)	**водоинсталатер** (м)	vodoinstaláter
kelder (de)	**подрум** (м)	pódrum
riolering (de)	**канализација** (ж)	kanalizácija

96. Brand. Vuurzee

brand (de)	**пожар** (м)	póžar
vlam (de)	**пламен** (м)	plámen
vonk (de)	**искра** (ж)	ískra
rook (de)	**дим** (м)	dim
fakkel (de)	**бакља** (ж)	báklja
kampvuur (het)	**логорска ватра** (ж)	lógorska vátra
benzine (de)	**бензин** (м)	bénzin
kerosine (de)	**керозин** (м)	kerózin
brandbaar (bn)	**запаљив**	zápaljiv
ontplofbaar (bn)	**експлозиван**	éksplozivan
VERBODEN TE ROKEN!	**ЗАБРАЊЕНО ПУШЕЊЕ**	ZABRANJENO PUŠENJE
veiligheid (de)	**безбедност** (ж)	bezbédnost
gevaar (het)	**опасност** (ж)	opásnost
gevaarlijk (bn)	**опасан**	ópasan
in brand vliegen (ww)	**запалити се**	zapáliti se
explosie (de)	**експлозија** (ж)	eksplózija
in brand steken (ww)	**запалити** (пг)	zapáliti
brandstichter (de)	**потпаљивач** (м)	potpaljívač
brandstichting (de)	**палеж** (м), **паљевина** (ж)	pálež, páljevina
vlammen (ww)	**пламтети** (нг)	plámteti
branden (ww)	**горети** (нг)	góreti
afbranden (ww)	**изгорети** (нг)	izgóreti
de brandweer bellen	**позвати ватрогасце**	pózvati vátrogasce
brandweerman (de)	**ватрогасац** (м)	vatrogásac
brandweerwagen (de)	**ватрогасно возило** (с)	vátrogasno vózilo
brandweer (de)	**ватрогасна бригада** (ж)	vátrogasna brigáda
uitschuifbare ladder (de)	**ватрогасне мердевине** (мн)	vátrogasne mérdevine
brandslang (de)	**црево** (с)	crévo
brandblusser (de)	**противпожарни апарат** (м)	protivpóžarni apárat
helm (de)	**шлем** (м)	šlem
sirene (de)	**сирена** (ж)	siréna
roepen (ww)	**викати** (нг)	víkati
hulp roepen	**звати у помоћ**	zváti u pómoć
redder (de)	**спасилац** (м)	spásilac
redden (ww)	**спасавати** (пг)	spasávati
aankomen (per auto, enz.)	**пристићи** (нг)	prístići
blussen (ww)	**гасити** (пг)	gásiti

water (het)	**вода** (ж)	vóda
zand (het)	**песак** (м)	pésak
ruïnes (mv.)	**рушевине** (мн)	rúševine
instorten (gebouw, enz.)	**срушити се**	srúšiti se
ineenstorten (ww)	**срушити се**	srúšiti se
inzakken (ww)	**срушити се**	srúšiti se
brokstuk (het)	**крхотина** (ж)	krhótina
as (de)	**пепео** (м)	pépeo
verstikken (ww)	**загушити се**	zagušiti se
omkomen (ww)	**погинути** (нг)	póginuti

MENSELIJKE ACTIVITEITEN

Baan. Business. Deel 1

97. Bankieren

bank (de)	**банка** (ж)	bánka
bankfiliaal (het)	**експозитура** (ж)	ekspozitúra
bankbediende (de)	**банкарски службеник** (м)	bánkarski slúžbenik
manager (de)	**менаџер** (м)	ménadžer
bankrekening (de)	**рачун** (м)	ráčun
rekeningnummer (het)	**број** (м) **рачуна**	broj račúna
lopende rekening (de)	**текући рачун** (м)	tékući ráčun
spaarrekening (de)	**штедни рачун** (м)	štédni ráčun
een rekening openen	**отворити рачун**	ótvoriti ráčun
de rekening sluiten	**затворити рачун**	zatvóriti ráčun
op rekening storten	**поставити на рачун**	póstaviti na ráčun
opnemen (ww)	**подићи са рачуна**	pódići sa račúna
storting (de)	**депозит** (м)	depózit
een storting maken	**ставити новац на рачун**	stáviti nóvac na ráčun
overschrijving (de)	**трансфер** (м) **новца**	tránsfer nóvca
een overschrijving maken	**послати новац**	póslati nóvac
som (de)	**износ** (м)	íznos
Hoeveel?	**Колико?**	Kolíko?
handtekening (de)	**потпис** (м)	pótpis
ondertekenen (ww)	**потписати** (пг)	potpísati
kredietkaart (de)	**кредитна картица** (ж)	kréditna kártica
code (de)	**код** (м)	kod
kredietkaartnummer (het)	**број** (м) **кредитне картице**	broj kréditne kártice
geldautomaat (de)	**банкомат** (м)	bánkomat
cheque (de)	**чек** (м)	ček
een cheque uitschrijven	**написати чек**	napísati ček
chequeboekje (het)	**чековна књижица** (ж)	čékovna knjížica
lening, krediet (de)	**кредит** (м)	krédit
een lening aanvragen	**затражити кредит**	zátražiti krédit
een lening nemen	**узимати кредит**	uzímati krédit
een lening verlenen	**давати кредит**	dávati krédit
garantie (de)	**гаранција** (ж)	garáncija

98. Telefoon. Telefoongesprek

telefoon (de)	**телефон** (м)	teléfon
mobieltje (het)	**мобилни телефон** (м)	móbilni teléfon
antwoordapparaat (het)	**секретарица** (ж)	sekretárica
bellen (ww)	**звати** (пг)	zváti
belletje (telefoontje)	**позив** (м)	póziv
een nummer draaien	**позвати број**	pózvati broj
Hallo!	**Хало!**	Hálo!
vragen (ww)	**упитати** (пг)	upítati
antwoorden (ww)	**јавити се**	jáviti se
horen (ww)	**чути** (нг, пг)	čúti
goed (bw)	**добро**	dóbro
slecht (bw)	**лоше**	loše
storingen (mv.)	**сметње** (мн)	smétnje
hoorn (de)	**слушалица** (ж)	slúšalica
opnemen (ww)	**подићи слушалицу**	pódići slúšalicu
ophangen (ww)	**спустити слушалицу**	spústiti slúšalicu
bezet (bn)	**заузето**	záuzeto
overgaan (ww)	**звонити** (нг)	zvóniti
telefoonboek (het)	**телефонски именик** (м)	teléfonski ímenik
lokaal (bn)	**локалан**	lókalan
interlokaal (bn)	**међуградски**	međugrádski
buitenlands (bn)	**међународни**	međunárodni

99. Mobiele telefoon

mobieltje (het)	**мобилни телефон** (м)	móbilni teléfon
scherm (het)	**дисплеј** (м)	displéj
toets, knop (de)	**дугме** (с)	dúgme
simkaart (de)	**СИМ картица** (ж)	SIM kártica
batterij (de)	**батерија** (ж)	báterija
leeg zijn (ww)	**испразнити се**	isprázniti se
acculader (de)	**пуњач** (м)	púnjač
menu (het)	**мени** (м)	méni
instellingen (mv.)	**подешавања** (мн)	podešávanja
melodie (beltoon)	**мелодија** (ж)	mélodija
selecteren (ww)	**изабрати** (пг)	izábrati
rekenmachine (de)	**калкулатор** (м)	kalkulátor
voicemail (de)	**говорна пошта** (ж)	góvorna póšta
wekker (de)	**будилник** (м)	búdilnik
contacten (mv.)	**контакти** (мн)	kóntakti
SMS-bericht (het)	**СМС порука** (ж)	SMS póruka
abonnee (de)	**претплатник** (м)	prétplatnik

100. Schrijfbehoeften

balpen (de)	**хемијска оловка** (ж)	hémijska ólovka
vulpen (de)	**наливперо** (с)	nálivpero
potlood (het)	**оловка** (ж)	ólovka
marker (de)	**маркер** (м)	márker
viltstift (de)	**фломастер** (м)	flómaster
notitieboekje (het)	**нотес** (м)	nótes
agenda (boekje)	**роковник** (м)	rokóvnik
liniaal (de/het)	**лењир** (м)	lénjir
rekenmachine (de)	**калкулатор** (м)	kalkulátor
gom (de)	**гумица** (ж)	gúmica
punaise (de)	**пајснадла** (ж)	pájsnadla
paperclip (de)	**спајалица** (ж)	spájalica
lijm (de)	**лепак** (м)	lépak
nietmachine (de)	**хефталица** (ж)	héftalica
perforator (de)	**бушилица** (ж) **за папир**	búšilica za pápir
potloodslijper (de)	**резач** (м)	rézač

Baan. Business. Deel 2

101. Massamedia

krant (de)	**новине** (мн)	nóvine
tijdschrift (het)	**часопис** (м)	časopis
pers (gedrukte media)	**штампа** (ж)	štámpa
radio (de)	**радио** (м)	rádio
radiostation (het)	**радио станица** (ж)	rádio stánica
televisie (de)	**телевизија** (ж)	televízija
presentator (de)	**водитељ** (м)	vóditelj
nieuwslezer (de)	**спикер** (м)	spíker
commentator (de)	**коментатор** (м)	koméntator
journalist (de)	**новинар** (м)	nóvinar
correspondent (de)	**дописник** (м)	dópisnik
fotocorrespondent (de)	**фоторепортер** (м)	fotorepórter
reporter (de)	**репортер** (м)	repórter
redacteur (de)	**уредник** (м)	úrednik
chef-redacteur (de)	**главни уредник** (м)	glávni úrednik
zich abonneren op	**претплатити се**	pretplátiti se
abonnement (het)	**претплата** (ж)	prétplata
abonnee (de)	**претплатник** (м)	prétplatnik
lezen (ww)	**читати** (нг, пг)	čítati
lezer (de)	**читалац** (м)	čítalac
oplage (de)	**тираж** (м)	tíraž
maand-, maandelijks (bn)	**месечни**	mésečni
wekelijks (bn)	**недељни**	nédeljni
nummer (het)	**број** (м)	broj
vers (~ van de pers)	**нов**	nov
kop (de)	**наслов** (м)	náslov
korte artikel (het)	**чланак** (м)	članak
rubriek (de)	**рубрика** (ж)	rúbrika
artikel (het)	**чланак** (м)	članak
pagina (de)	**страна** (ж)	strána
reportage (de)	**репортажа** (ж)	reportáža
gebeurtenis (de)	**догађај** (м)	dógađaj
sensatie (de)	**сензација** (ж)	senzácija
schandaal (het)	**скандал** (м)	skándal
schandalig (bn)	**скандалозан**	skándalozan
groot (~ schandaal, enz.)	**велики**	véliki
programma (het)	**емисија** (ж)	emísija
interview (het)	**интервју** (м)	intérvju

live uitzending (de)	**директан пренос** (м)	diréktan prénos
kanaal (het)	**канал** (м)	kánal

102. Landbouw

landbouw (de)	**пољопривреда** (ж)	poljoprívreda
boer (de)	**сељак** (м)	séljak
boerin (de)	**сељанка** (ж)	séljanka
landbouwer (de)	**фармер** (м)	fármer
tractor (de)	**трактор** (м)	tráktor
maaidorser (de)	**комбајн** (м)	kómbajn
ploeg (de)	**плуг** (м)	plug
ploegen (ww)	**орати** (пг)	órati
akkerland (het)	**ораница** (ж)	óranica
voor (de)	**бразда** (ж)	brázda
zaaien (ww)	**сејати** (нг, пг)	séjati
zaaimachine (de)	**сејалица** (ж)	séjalica
zaaien (het)	**сетва** (ж)	sétva
zeis (de)	**коса** (ж)	kósa
maaien (ww)	**косити** (пг)	kósiti
schop (de)	**лопата** (ж)	lópata
spitten (ww)	**орати** (пг)	órati
schoffel (de)	**мотика** (ж)	mótika
wieden (ww)	**плевити** (пг)	pléviti
onkruid (het)	**коров** (м)	kórov
gieter (de)	**канта** (ж) **за заливање**	kánta za zalívanje
begieten (water geven)	**заливати** (пг)	zalívati
bewatering (de)	**заливање** (с)	zalívanje
riek, hooivork (de)	**виле** (ж)	víle
hark (de)	**грабуље** (мн)	grábulje
kunstmest (de)	**ђубриво** (с)	đúbrivo
bemesten (ww)	**ђубрити** (пг)	đúbriti
mest (de)	**балега** (ж)	bálega
veld (het)	**поље** (с)	pólje
wei (de)	**ливада** (ж)	lívada
moestuin (de)	**повртњак** (м)	póvrtnjak
boomgaard (de)	**воћњак** (м)	vóćnjak
weiden (ww)	**пасти** (пг)	pásti
herder (de)	**пастир, чобан** (м)	pástir, čóban
weiland (de)	**пашњак** (м)	pášnjak
veehouderij (de)	**сточарство** (с)	stočárstvo
schapenteelt (de)	**овчарство** (с)	ovčárstvo

plantage (de)	**плантажа** (ж)	plantáža
rijtje (het)	**гредица** (ж)	grédica
broeikas (de)	**стакленик** (м)	stáklenik
droogte (de)	**суша** (ж)	súša
droog (bn)	**сушан**	súšan
graan (het)	**зрно** (с)	zŕno
graangewassen (mv.)	**житарице** (мн)	žitárice
oogsten (ww)	**брати** (пг)	bráti
molenaar (de)	**млинар** (м)	mlínar
molen (de)	**млин** (м)	mlin
malen (graan ~)	**мљети** (пг)	mljéti
bloem (bijv. tarwebloem)	**брашно** (с)	brášno
stro (het)	**слама** (ж)	sláma

103. Gebouw. Bouwproces

bouwplaats (de)	**градилиште** (с)	grádilište
bouwen (ww)	**градити** (пг)	gráditi
bouwvakker (de)	**грађевинар** (м)	građevínar
project (het)	**пројекат** (м)	projékat
architect (de)	**архитекта** (м)	arhitékta
arbeider (de)	**радник** (м)	rádnik
fundering (de)	**темељ** (м)	témelj
dak (het)	**кров** (м)	krov
heipaal (de)	**шип** (м)	šip
muur (de)	**зид** (м)	zid
betonstaal (het)	**арматура** (ж)	armatúra
steigers (mv.)	**скеле** (мн)	skéle
beton (het)	**бетон** (м)	béton
graniet (het)	**гранит** (м)	gránit
steen (de)	**камен** (м)	kámen
baksteen (de)	**опека, цигла** (ж)	ópeka, cígla
zand (het)	**песак** (м)	pésak
cement (de/het)	**цемент** (м)	cément
pleister (het)	**малтер** (м)	málter
pleisteren (ww)	**малтерисати** (пг)	maltérisati
verf (de)	**фарба** (ж)	fárba
verven (muur ~)	**бојити** (пг)	bójiti
ton (de)	**буре** (с)	búre
kraan (de)	**дизалица** (ж)	dízalica
heffen, hijsen (ww)	**дизати** (пг)	dízati
neerlaten (ww)	**спуштати** (пг)	spúštati
bulldozer (de)	**булдожер** (м)	búldožer
graafmachine (de)	**багер** (м)	báger

graafbak (de)	**кашика** (ж)	kášika
graven (tunnel, enz.)	**копати** (пг)	kópati
helm (de)	**шлем** (м)	šlem

Beroepen en ambachten

104. Zoeken naar werk. Ontslag

baan (de)	**посао** (м)	pósao
carrière (de)	**каријера** (ж)	karijéra
vooruitzichten (mv.)	**изгледи** (мн)	ízgledi
meesterschap (het)	**мајсторство** (с)	májstorstvo
keuze (de)	**одабирање** (с)	odábiranje
uitzendbureau (het)	**регрутна агенција** (ж)	régrutna agéncija
CV, curriculum vitae (het)	**резиме** (м)	rezíme
sollicitatiegesprek (het)	**разговор** (м) **за посао**	rázgovor za pósao
vacature (de)	**слободно место** (с)	slóbodno mésto
salaris (het)	**плата, зарада** (ж)	pláta, zárada
vaste salaris (het)	**фиксна зарада** (ж)	fíksna zárada
loon (het)	**плата** (ж)	pláta
betrekking (de)	**положај** (м)	póložaj
taak, plicht (de)	**дужност** (ж)	dúžnost
takenpakket (het)	**радни задаци** (мн)	rádni zadáci
bezig (~ zijn)	**заузет**	záuzet
ontslagen (ww)	**отпустити** (пг)	otpústiti
ontslag (het)	**отпуст** (м)	ótpust
werkloosheid (de)	**незапосленост** (ж)	nezáposlenost
werkloze (de)	**незапослен** (м)	nezáposlen
pensioen (het)	**пензија** (ж)	pénzija
met pensioen gaan	**отићи у пензију**	ótići u pénziju

105. Zakenmensen

directeur (de)	**директор** (м)	dírektor
beheerder (de)	**менаџер** (м)	ménadžer
hoofd (het)	**шеф** (м)	šef
baas (de)	**шеф, начелник** (м)	šef, náčelnik
superieuren (mv.)	**руководство** (с)	rúkovodstvo
president (de)	**председник** (м)	prédsednik
voorzitter (de)	**председник** (м)	prédsednik
adjunct (de)	**заменик** (м)	zámenik
assistent (de)	**помоћник** (м)	pomóćnik
secretaris (de)	**секретар** (м), **секретарица** (ж)	sekrétar, sekretárica
persoonlijke assistent (de)	**лични секретар** (м)	líčni sekrétar

zakenman (de)	**бизнисмен** (м)	bíznismen
ondernemer (de)	**предузетник** (м)	preduzétnik
oprichter (de)	**оснивач** (м)	osnívač
oprichten (een nieuw bedrijf ~)	**основати** (пг)	osnóvati
stichter (de)	**оснивач** (м)	osnívač
partner (de)	**партнер** (м)	pártner
aandeelhouder (de)	**акционар** (м)	akciónar
miljonair (de)	**милионер** (м)	milióner
miljardair (de)	**милијардер** (м)	milijárder
eigenaar (de)	**власник** (м)	vlásnik
landeigenaar (de)	**земљопоседник** (м)	zemljopósednik
klant (de)	**клијент** (м)	klíjent
vaste klant (de)	**стална муштерија** (м)	stálna múšterija
koper (de)	**купац** (м)	kúpac
bezoeker (de)	**посетилац** (м)	posétilac
professioneel (de)	**професионалац** (м)	profesionálac
expert (de)	**експерт** (м)	ékspert
specialist (de)	**стручњак** (м)	strúčnjak
bankier (de)	**банкар** (м)	bánkar
makelaar (de)	**брокер** (м)	bróker
kassier (de)	**благајник** (м)	blágajnik
boekhouder (de)	**књиговођа** (м)	knjígovođa
bewaker (de)	**чувар** (м)	čúvar
investeerder (de)	**инвеститор** (м)	invéstitor
schuldenaar (de)	**дужник** (м)	dúžnik
crediteur (de)	**зајмодавац, поверилац** (м)	zajmodávac, povérilac
lener (de)	**зајмопримац** (м)	zajmoprímac
importeur (de)	**увозник** (м)	úvoznik
exporteur (de)	**извозник** (м)	ízvoznik
producent (de)	**произвођач** (м)	proizvóđač
distributeur (de)	**дистрибутер** (м)	distribúter
bemiddelaar (de)	**посредник** (м)	pósrednik
adviseur, consulent (de)	**саветодавац** (м)	savetodávac
vertegenwoordiger (de)	**представник** (м)	prédstavnik
agent (de)	**агент** (м)	ágent
verzekeringsagent (de)	**агент** (м) **осигурања**	ágent osiguránja

106. Dienstverlenende beroepen

kok (de)	**кувар** (м)	kúvar
chef-kok (de)	**главни кувар** (м)	glávni kúvar
bakker (de)	**пекар** (м)	pékar
barman (de)	**бармен** (м)	bármen

kelner, ober (de)	**конобар** (м)	kónobar
serveerster (de)	**конобарица** (ж)	konobárica
advocaat (de)	**адвокат** (м)	advókat
jurist (de)	**правник** (м)	právnik
notaris (de)	**јавни бележник** (м)	jávni béležnik
elektricien (de)	**електричар** (м)	eléktričar
loodgieter (de)	**водоинсталатер** (м)	vodoinstaláter
timmerman (de)	**столар** (м)	stólar
masseur (de)	**масер** (м)	máser
masseuse (de)	**масерка** (ж)	máserka
dokter, arts (de)	**лекар** (м)	lékar
taxichauffeur (de)	**таксиста** (м)	táksista
chauffeur (de)	**возач** (м)	vózač
koerier (de)	**курир** (м)	kúrir
kamermeisje (het)	**собарица** (ж)	sóbarica
bewaker (de)	**чувар** (м)	čúvar
stewardess (de)	**стјуардеса** (ж)	stjuardésa
meester (de)	**учитељ** (м)	účitelj
bibliothecaris (de)	**библиотекар** (м)	bibliotékar
vertaler (de)	**преводилац** (м)	prevódilac
tolk (de)	**преводилац** (м)	prevódilac
gids (de)	**водич** (м)	vódič
kapper (de)	**фризер** (м)	frízer
postbode (de)	**поштар** (м)	póštar
verkoper (de)	**продавач** (м)	prodávač
tuinman (de)	**баштован** (м)	báštovan
huisbediende (de)	**слуга** (м)	slúga
dienstmeisje (het)	**слушкиња** (ж)	slúškinja
schoonmaakster (de)	**чистачица** (ж)	čistáčica

107. Militaire beroepen en rangen

soldaat (rang)	**редов** (м)	rédov
sergeant (de)	**наредник** (м)	národnik
luitenant (de)	**поручник** (м)	póručnik
kapitein (de)	**капетан** (м)	kapétan
majoor (de)	**мајор** (м)	májor
kolonel (de)	**пуковник** (м)	púkovnik
generaal (de)	**генерал** (м)	genéral
maarschalk (de)	**маршал** (м)	máršal
admiraal (de)	**адмирал** (м)	admíral
militair (de)	**војно лице** (с)	vójno líce
soldaat (de)	**војник** (м)	vójnik
officier (de)	**официр** (м)	ofícir

commandant (de)	**командант** (м)	komándant
grenswachter (de)	**граничар** (м)	gráničar
marconist (de)	**радио оператер** (м)	rádio operáter
verkenner (de)	**извиђач** (м)	izvíđač
sappeur (de)	**деминер** (м)	demíner
schutter (de)	**стрелац** (м)	strélac
stuurman (de)	**навигатор** (м)	navígator

108. Ambtenaren. Priesters

koning (de)	**краљ** (м)	kralj
koningin (de)	**краљица** (ж)	králjica
prins (de)	**принц** (м)	princ
prinses (de)	**принцеза** (ж)	princéza
tsaar (de)	**цар** (м)	car
tsarina (de)	**царица** (ж)	cárica
president (de)	**председник** (м)	prédsednik
minister (de)	**министар** (м)	mínistar
eerste minister (de)	**премијер** (м)	prémijer
senator (de)	**сенатор** (м)	sénator
diplomaat (de)	**дипломат** (м)	diplómat
consul (de)	**конзул** (м)	kónzul
ambassadeur (de)	**амбасадор** (м)	ambásador
adviseur (de)	**саветник** (м)	sávetnik
ambtenaar (de)	**чиновник** (м)	činóvnik
prefect (de)	**префект** (м)	préfekt
burgemeester (de)	**градоначелник** (м)	gradonáčelnik
rechter (de)	**судија** (м)	súdija
aanklager (de)	**тужилац** (м)	túžilac
missionaris (de)	**мисионар** (м)	misiónar
monnik (de)	**монах** (м)	mónah
abt (de)	**опат** (м)	ópat
rabbi, rabbijn (de)	**рабин** (м)	rábin
vizier (de)	**везир** (м)	vézir
sjah (de)	**шах** (м)	šah
sjeik (de)	**шеик** (м)	šéik

109. Agrarische beroepen

imker (de)	**пчелар** (м)	pčélar
herder (de)	**пастир, чобан** (м)	pástir, čóban
landbouwkundige (de)	**агроном** (м)	agrónom
veehouder (de)	**сточар** (м)	stóčar
dierenarts (de)	**ветеринар** (м)	veterínar

landbouwer (de)	**фармер** (м)	fármer
wijnmaker (de)	**винар** (м)	vínar
zoöloog (de)	**зоолог** (м)	zoólog
cowboy (de)	**каубој** (м)	káuboj

110. Kunst beroepen

acteur (de)	**глумац** (м)	glúmac
actrice (de)	**глумица** (ж)	glúmica
zanger (de)	**певач** (м)	pévač
zangeres (de)	**певачица** (ж)	peváčica
danser (de)	**плесач** (м)	plésač
danseres (de)	**плесачица** (ж)	plesáčica
artiest (mann.)	**Уметник** (м)	Úmetnik
artiest (vrouw.)	**Уметница** (ж)	Úmetnica
muzikant (de)	**музичар** (м)	múzičar
pianist (de)	**пијаниста** (м)	pijanísta
gitarist (de)	**гитариста** (м)	gitárista
orkestdirigent (de)	**диригент** (м)	dírigent
componist (de)	**композитор** (м)	kompózitor
impresario (de)	**импресарио** (м)	impresário
filmregisseur (de)	**редитељ** (м)	réditelj
filmproducent (de)	**продуцент** (м)	prodúcent
scenarioschrijver (de)	**сценариста** (м)	scenárista
criticus (de)	**критичар** (м)	krítičar
schrijver (de)	**писац** (м)	písac
dichter (de)	**песник** (м)	pésnik
beeldhouwer (de)	**вајар** (м)	vájar
kunstenaar (de)	**сликар** (м)	slíkar
jongleur (de)	**жонглер** (м)	žóngler
clown (de)	**кловн** (м)	klovn
acrobaat (de)	**акробата** (м)	akróbata
goochelaar (de)	**мађионичар** (м)	mađióničar

111. Verschillende beroepen

dokter, arts (de)	**лекар** (м)	lékar
ziekenzuster (de)	**медицинска сестра** (ж)	médicinska séstra
psychiater (de)	**психијатар** (м)	psihijátar
tandarts (de)	**стоматолог** (м)	stomatólog
chirurg (de)	**хирург** (м)	hírurg
astronaut (de)	**астронаут** (м)	astronáut
astronoom (de)	**астроном** (м)	astrónom

piloot (de)	**пилот** (м)	pílot
chauffeur (de)	**возач** (м)	vózač
machinist (de)	**машиновођа** (м)	mašinóvođa
mecanicien (de)	**механичар** (м)	mehánićar
mijnwerker (de)	**рудар** (м)	rúdar
arbeider (de)	**радник** (м)	rádnik
bankwerker (de)	**бравар** (м)	brávar
houtbewerker (de)	**столар** (м)	stólar
draaier (de)	**стругар** (м)	strúgar
bouwvakker (de)	**грађевинар** (м)	građevínar
lasser (de)	**варилац** (м)	várilac
professor (de)	**професор** (м)	prófesor
architect (de)	**архитекта** (м)	arhitékta
historicus (de)	**историчар** (м)	istóričar
wetenschapper (de)	**научник** (м)	náučnik
fysicus (de)	**физичар** (м)	fízičar
scheikundige (de)	**хемичар** (м)	hémičar
archeoloog (de)	**археолог** (м)	arheólog
geoloog (de)	**геолог** (м)	geólog
onderzoeker (de)	**истраживач** (м)	istražívač
babysitter (de)	**дадиља** (ж)	dádilja
leraar, pedagoog (de)	**учитељ, наставник** (м)	účitelj, nástavnik
redacteur (de)	**уредник** (м)	úrednik
chef-redacteur (de)	**главни уредник** (м)	glávni úrednik
correspondent (de)	**дописник** (м)	dópisnik
typiste (de)	**дактилографкиња** (ж)	daktilógrafkinja
designer (de)	**дизајнер** (м)	dizájner
computerexpert (de)	**компјутерски стручњак** (м)	kompjúterski strúčnjak
programmeur (de)	**програмер** (м)	prográmer
ingenieur (de)	**инжењер** (м)	inžénjer
matroos (de)	**поморац, морнар** (м)	pómorac, mórnar
zeeman (de)	**морнар** (м)	mórnar
redder (de)	**спасилац** (м)	spásilac
brandweerman (de)	**ватрогасац** (м)	vatrogásac
politieagent (de)	**полицајац** (м)	policájac
nachtwaker (de)	**чувар** (м)	čúvar
detective (de)	**детектив** (м)	detéktiv
douanier (de)	**цариник** (м)	cárinik
lijfwacht (de)	**телохранитељ** (м)	telohránitelj
gevangenisbewaker (de)	**чувар** (м)	čúvar
inspecteur (de)	**инспектор** (м)	ínspektor
sportman (de)	**спортиста** (м)	sportísta
trainer (de)	**тренер** (м)	tréner
slager, beenhouwer (de)	**касапин** (м)	kásapin
schoenlapper (de)	**обућар** (м)	óbućar
handelaar (de)	**трговац** (м)	tŕgovac

lader (de)	**утоваривач** (м)	utovarívač
kledingstilist (de)	**модни креатор** (м)	módni kreátor
model (het)	**манекенка** (ж)	manékenka

112. Beroepen. Sociale status

scholier (de)	**ђак** (м)	đak
student (de)	**студент** (м)	stúdent
filosoof (de)	**филозоф** (м)	filózof
econoom (de)	**економиста** (м)	ekonómista
uitvinder (de)	**проналазач** (м)	pronalázač
werkloze (de)	**незапослен** (м)	nezáposlen
gepensioneerde (de)	**пензионер** (м)	penzióner
spion (de)	**шпијун** (м)	špíjun
gedetineerde (de)	**затвореник** (м)	zatvorénik
staker (de)	**штрајкач** (м)	štrájkač
bureaucraat (de)	**бирократа** (м)	birókrata
reiziger (de)	**путник** (м)	pútnik
homoseksueel (de)	**хомосексуалац** (м)	homoseksuálac
hacker (computerkraker)	**хакер** (м)	háker
hippie (de)	**хипији** (мн)	hípiji
bandiet (de)	**бандит** (м)	bándit
huurmoordenaar (de)	**плаћени убица** (м)	pláćeni úbica
drugsverslaafde (de)	**наркоман** (м)	nárkoman
drugshandelaar (de)	**продавац** (м) **дроге**	prodávac dróge
prostituee (de)	**проститутка** (ж)	próstitutka
pooier (de)	**макро** (м)	mákro
tovenaar (de)	**чаробњак** (м)	čaróbnjak
tovenares (de)	**чаробница** (ж)	čárobnica
piraat (de)	**гусар** (м)	gúsar
slaaf (de)	**роб** (м)	rob
samoerai (de)	**самурај** (м)	samúraj
wilde (de)	**дивљак** (м)	dívljak

Sport

113. Soorten sporten. Sporters

sportman (de)	**спортиста** (м)	sportísta
soort sport (de/het)	**врста** (ж) **спорта**	vŕsta spórta
basketbal (het)	**кошарка** (ж)	kóšarka
basketbalspeler (de)	**кошаркаш** (м)	košárkaš
baseball (het)	**бејзбол** (м)	béjzbol
baseballspeler (de)	**играч бејзбола** (м)	ígrač béjzbola
voetbal (het)	**фудбал** (м)	fúdbal
voetballer (de)	**фудбалер** (м)	fudbáler
doelman (de)	**голман** (м)	gólman
hockey (het)	**хокеј** (м)	hókej
hockeyspeler (de)	**хокејаш** (м)	hokéjaš
volleybal (het)	**одбојка** (ж)	ódbojka
volleybalspeler (de)	**одбојкаш** (м)	odbójkaš
boksen (het)	**бокс** (м)	boks
bokser (de)	**боксер** (м)	bókser
worstelen (het)	**рвање** (с), **борба** (ж)	rvánje, bórba
worstelaar (de)	**рвач** (м)	ŕvač
karate (de)	**карате** (м)	karáte
karateka (de)	**каратиста** (м)	karátista
judo (de)	**џудо** (с)	džúdo
judoka (de)	**џудиста** (м)	džudísta
tennis (het)	**тенис** (м)	ténis
tennisspeler (de)	**тенисер** (м)	téniser
zwemmen (het)	**пливање** (с)	plívanje
zwemmer (de)	**пливач** (м)	plívač
schermen (het)	**мачевање** (с)	mačévanje
schermer (de)	**мачевалац** (м)	mačévalac
schaak (het)	**шах** (м)	šah
schaker (de)	**шахиста** (м)	šahísta
alpinisme (het)	**планинарење** (с)	planinárenje
alpinist (de)	**планинар** (м)	planínar
hardlopen (het)	**трчање** (с)	tŕčanje

renner (de)	**тркач** (м)	tŕkač
atletiek (de)	**лака атлетика** (ж)	láka atlétika
atleet (de)	**атлетичар** (м)	atlétičar
paardensport (de)	**јахање** (с)	jáhanje
ruiter (de)	**јахач** (м)	jáhač
kunstschaatsen (het)	**уметничко клизање** (с)	umétničko klízanje
kunstschaatser (de)	**Клизач** (м)	Klízač
kunstschaatsster (de)	**клизачица** (ж)	klizáčica
gewichtheffen (het)	**дизање** (с) **тегова**	dízanje tégova
gewichtheffer (de)	**дизач** (м) **тегова**	dízač tégova
autoraces (mv.)	**аутомобилске трке** (мн)	automóbilske tŕke
coureur (de)	**возач** (м)	vózač
wielersport (de)	**бициклизам** (м)	biciklízam
wielrenner (de)	**бициклиста** (м)	bicíklista
verspringen (het)	**скок** (м) **у даљ**	skok u dalj
polsstokspringen (het)	**скок** (м) **с мотком**	skok s mótkom
verspringer (de)	**скакач** (м)	skákač

114. Soorten sporten. Diversen

Amerikaans voetbal (het)	**амерички фудбал** (м)	américki fúdbal
badminton (het)	**бадминтон** (м)	bádminton
biatlon (de)	**биатлон** (м)	bíatlon
biljart (het)	**билијар** (м)	bilíjar
bobsleeën (het)	**боб** (м)	bob
bodybuilding (de)	**бодибилдинг** (м)	bódibilding
waterpolo (het)	**ватерполо** (м)	váterpolo
handbal (de)	**рукомет** (м)	rúkomet
golf (het)	**голф** (м)	golf
roeisport (de)	**веслање** (с)	véslanje
duiken (het)	**роњење** (с)	rónjenje
langlaufen (het)	**скијашко трчање** (с)	skíjaško tŕčanje
tafeltennis (het)	**стони тенис** (м)	stóni ténis
zeilen (het)	**једрење** (с)	jédrenje
rally (de)	**рели** (м)	réli
rugby (het)	**рагби** (м)	rágbi
snowboarden (het)	**сноуборд** (м)	snóubord
boogschieten (het)	**стреличарство** (с)	stréličarstvo

115. Fitnessruimte

lange halter (de)	**шипка** (ж) **за тегове**	šípka za tégove
halters (mv.)	**бучице** (мн)	búčice
training machine (de)	**справа** (ж) **за везбање**	správa za vézbanje

hometrainer (de) **собни бицикл** (м) sóbni bicíkl
loopband (de) **тркачка стаза** (ж) tr̂kačka stáza

rekstok (de) **вратило** (с) vrátilo
brug (de) gelijke leggers **разбој** (м) rázboj
paardsprong (de) **коњ** (м) konj
mat (de) **струњача** (ж) strúnjača

springtouw (het) **вијача** (ж), **уже** (с) víjača, úže
aerobics (de) **аеробик** (м) aeróbik
yoga (de) **јога** (ж) jóga

116. Sporten. Diversen

Olympische Spelen (mv.) **Олимпијске игре** (мн) Olímpijske ígre
winnaar (de) **победник** (м) póbednik
overwinnen (ww) **побеђивати** (нг) pobeđívati
winnen (ww) **победити** (нг), **добити** (пг) pobéditi, dóbiti

leider (de) **лидер** (м) líder
leiden (ww) **бити у вођству** bíti u vóđstvu

eerste plaats (de) **прво место** (с) pȓvo mésto
tweede plaats (de) **друго место** (с) drúgo mésto
derde plaats (de) **треће место** (с) tréće mésto

medaille (de) **медаља** (ж) médalja
trofee (de) **трофеј** (м) trófej
beker (de) **куп** (м) kup
prijs (de) **награда** (ж) nágrada
hoofdprijs (de) **главна награда** (ж) glávna nágrada

record (het) **рекорд** (м) rékord
een record breken **поставити рекорд** póstaviti rékord

finale (de) **финале** (с) finále
finale (bn) **финални** fínalni

kampioen (de) **шампион** (м) šampíon
kampioenschap (het) **првенство** (с) prvénstvo

stadion (het) **стадион** (м) stádion
tribune (de) **трибина** (ж) tríbina
fan, supporter (de) **навијач** (м) navíjač
tegenstander (de) **противник** (м) prótivnik

start (de) **старт** (м) start
finish (de) **циљ** (м) cilj

nederlaag (de) **пораз** (м) póraz
verliezen (ww) **изгубити** (нг, пг) izgúbiti

rechter (de) **судија** (м) súdija
jury (de) **жири** (м) žíri

stand (~ is 3-1)	**резултат** (м)	rezúltat
gelijkspel (het)	**нерешена игра** (ж)	neréšena ígra
in gelijk spel eindigen	**одиграти нерешено**	ódigrati nérešeno
punt (het)	**бод** (м)	bod
uitslag (de)	**резултат** (м)	rezúltat
periode (de)	**период** (м)	períod
pauze (de)	**одмор** (м)	ódmor
doping (de)	**допинг** (м)	dóping
straffen (ww)	**кажњавати** (пг)	kažnjávati
diskwalificeren (ww)	**дисквалификовати** (пг)	diskvalifikóvati
toestel (het)	**справа** (ж)	správa
speer (de)	**копље** (с)	kóplje
kogel (de)	**кугла** (ж)	kúgla
bal (de)	**кугла** (ж)	kúgla
doel (het)	**циљ** (м)	cilj
schietkaart (de)	**мета** (ж)	méta
schieten (ww)	**пуцати** (нг)	púcati
precies (bijv. precieze schot)	**тачан**	táčan
trainer, coach (de)	**тренер** (м)	tréner
trainen (ww)	**тренирати** (пг)	trenírati
zich trainen (ww)	**тренирати** (нг)	trenírati
training (de)	**тренинг** (м), **вежбање** (с)	tréning, véžbanje
gymnastiekzaal (de)	**теретана** (ж)	teretána
oefening (de)	**вежба** (ж)	véžba
opwarming (de)	**загревање** (с)	zágrevanje

Onderwijs

117. School

school (de)	**школа** (ж)	škóla
schooldirecteur (de)	**директор** (м)	dírektor
leerling (de)	**ученик** (м)	účenik
leerlinge (de)	**ученица** (ж)	účenica
scholier (de)	**школарац, ђак** (м)	škólarac, đak
scholiere (de)	**школарка, ђак** (ж)	škólarka, đak
leren (lesgeven)	**учити** (пг)	účiti
studeren (bijv. een taal ~)	**учити** (пг)	účiti
van buiten leren	**учити напамет**	účiti nápamet
leren (bijv. ~ tellen)	**учити** (нг)	účiti
in school zijn (schooljongen zijn)	**ходати у школу**	hódati u školu
naar school gaan	**ићи у школу**	íći u škólu
alfabet (het)	**азбука, абецеда** (ж)	ázbuka, abecéda
vak (schoolvak)	**предмет** (м)	prédmet
klaslokaal (het)	**учионица** (ж)	učiónica
les (de)	**час** (м)	čas
pauze (de)	**одмор** (м)	ódmor
bel (de)	**звоно** (с)	zvóno
schooltafel (de)	**клупа** (ж)	klúpa
schoolbord (het)	**школска табла** (ж)	škólska tábla
cijfer (het)	**оцена** (ж)	ócena
goed cijfer (het)	**добра оцена** (ж)	dóbra ócena
slecht cijfer (het)	**лоша оцена** (ж)	lóša ócena
een cijfer geven	**давати оцену**	dávati ócenu
fout (de)	**грешка** (ж)	gréška
fouten maken	**правити грешке**	práviti gréške
corrigeren (fouten ~)	**исправљати** (пг)	íspravljati
spiekbriefje (het)	**пушкица** (ж)	púškica
huiswerk (het)	**домаћи задатак** (м)	dómaći zadátak
oefening (de)	**вежба** (ж)	vézba
aanwezig zijn (ww)	**присуствовати** (нг)	prísustvovati
absent zijn (ww)	**одсуствовати** (нг)	ódsustvovati
school verzuimen	**пропуштати школу**	propúštati škólu
bestraffen (een stout kind ~)	**кажњавати** (пг)	kažnjávati
bestraffing (de)	**казна** (ж)	kázna

gedrag (het)	**понашање** (с)	ponášanje
cijferlijst (de)	**ђачка књижица** (ж)	đáčka knjížica
potlood (het)	**оловка** (ж)	ólovka
gom (de)	**гумица** (ж)	gúmica
krijt (het)	**креда** (ж)	kréda
pennendoos (de)	**перница** (ж)	pérnica
boekentas (de)	**торба** (ж)	tórba
pen (de)	**оловка** (ж)	ólovka
schrift (de)	**свеска** (ж)	svéska
leerboek (het)	**уџбеник** (м)	údžbenik
passer (de)	**шестар** (м)	šéstar
technisch tekenen (ww)	**цртати** (нг, пг)	cŕtati
technische tekening (de)	**цртеж** (м)	cŕtež
gedicht (het)	**песма** (ж)	pésma
van buiten (bw)	**напамет**	nápamet
van buiten leren	**учити напамет**	účiti nápamet
vakantie (de)	**распуст** (м)	ráspust
met vakantie zijn	**бити на распусту**	bíti na ráspustu
vakantie doorbrengen	**провести распуст**	próvesti ráspust
toets (schriftelijke ~)	**контролни рад** (м)	kóntrolni rad
opstel (het)	**састав** (м)	sástav
dictee (het)	**диктат** (м)	díktat
examen (het)	**испит** (м)	íspit
examen afleggen	**полагати испит**	polágati íspit
experiment (het)	**експеримент** (м)	eksperíment

118. Hogeschool. Universiteit

academie (de)	**академија** (ж)	akadémija
universiteit (de)	**универзитет** (м)	univerzitét
faculteit (de)	**факултет** (м)	fakúltet
student (de)	**студент** (м)	stúdent
studente (de)	**студенткиња** (ж)	stúdentkinja
leraar (de)	**предавач** (м)	predávač
collegezaal (de)	**слушаоница** (ж)	slušaónica
afgestudeerde (de)	**дипломац** (м)	diplómac
diploma (het)	**диплома** (ж)	diplóma
dissertatie (de)	**дисертација** (ж)	disertácija
onderzoek (het)	**истраживање** (с)	istražívanje
laboratorium (het)	**лабораторија** (ж)	laboratórija
college (het)	**предавање** (с)	predávanje
medestudent (de)	**факултетски друг** (м)	fakúltetski drug
studiebeurs (de)	**стипендија** (ж)	stipéndija
academische graad (de)	**академски степен** (м)	ákademski stépen

119. Wetenschappen. Disciplines

wiskunde (de)	**математика** (ж)	matemátika
algebra (de)	**алгебра** (ж)	álgebra
meetkunde (de)	**геометрија** (ж)	geométrija
astronomie (de)	**астрономија** (ж)	astronómija
biologie (de)	**биологија** (ж)	biológija
geografie (de)	**географија** (ж)	geográfija
geologie (de)	**геологија** (ж)	geológija
geschiedenis (de)	**историја** (ж)	istórija
geneeskunde (de)	**медицина** (ж)	medicína
pedagogiek (de)	**педагогија** (ж)	pedagógija
rechten (mv.)	**право** (с)	právo
fysica, natuurkunde (de)	**физика** (ж)	fízika
scheikunde (de)	**хемија** (ж)	hémija
filosofie (de)	**филозофија** (ж)	filozófija
psychologie (de)	**психологија** (ж)	psihológija

120. Schrift. Spelling

grammatica (de)	**граматика** (ж)	gramátika
vocabulaire (het)	**лексикон** (м)	léksikon
fonetiek (de)	**фонетика** (ж)	fonétika
zelfstandig naamwoord (het)	**именица** (ж)	ímenica
bijvoeglijk naamwoord (het)	**придев** (м)	prídev
werkwoord (het)	**глагол** (м)	glágol
bijwoord (het)	**прилог** (м)	prílog
voornaamwoord (het)	**заменица** (ж)	zámenica
tussenwerpsel (het)	**узвик** (м)	úzvik
voorzetsel (het)	**предлог** (м)	prédlog
stam (de)	**корен** (м) **речи**	koŕen réči
achtervoegsel (het)	**наставак** (м)	nástavak
voorvoegsel (het)	**префикс** (м)	préfiks
lettergreep (de)	**слог** (м)	slog
achtervoegsel (het)	**суфикс** (м)	súfiks
nadruk (de)	**акцент** (м)	ákcent
afkappingsteken (het)	**апостроф** (м)	ápostrof
punt (de)	**тачка** (ж)	táčka
komma (de/het)	**зарез** (м)	zárez
puntkomma (de)	**тачка** (ж) **и зарез**	táčka i zárez
dubbelpunt (de)	**две тачке** (мн)	dve táčke
beletselteken (het)	**три тачке** (мн)	tri táčke
vraagteken (het)	**упитник** (м)	úpitnik
uitroepteken (het)	**ускличник, узвичник** (м)	úskličnik, úzvičnik

aanhalingstekens (mv.)	**наводници** (мн)	návodnici
tussen aanhalingstekens (bw)	**под наводницима**	pod návodnicima
haakjes (mv.)	**заграда** (ж)	zágrada
tussen haakjes (bw)	**у загради**	u zágradi
streepje (het)	**цртица** (ж)	cŕtica
gedachtestreepje (het)	**повлака** (ж)	póvlaka
spatie (~ tussen twee woorden)	**размак** (м)	rázmak
letter (de)	**слово** (с)	slóvo
hoofdletter (de)	**велико слово** (с)	véliko slóvo
klinker (de)	**самогласник** (м)	sámoglasnik
medeklinker (de)	**сугласник** (м)	súglasnik
zin (de)	**реченица** (ж)	rečénica
onderwerp (het)	**субјект** (м)	súbjekt
gezegde (het)	**предикат** (м)	prédikat
regel (in een tekst)	**ред** (м)	red
op een nieuwe regel (bw)	**у новом реду**	u nóvom rédu
alinea (de)	**пасус** (м)	pásus
woord (het)	**реч** (ж)	reč
woordgroep (de)	**група** (ж) **речи**	grúpa réči
uitdrukking (de)	**израз** (м)	ízraz
synoniem (het)	**синоним** (м)	sinónim
antoniem (het)	**антоним** (м)	antónim
regel (de)	**правило** (с)	právilo
uitzondering (de)	**изузетак** (м)	izuzétak
correct (bijv. ~e spelling)	**исправан**	íspravan
vervoeging, conjugatie (de)	**коњугација** (ж)	konjugácija
verbuiging, declinatie (de)	**деклинација** (ж)	deklinácija
naamval (de)	**падеж** (м)	pádež
vraag (de)	**питање** (с)	pítanje
onderstrepen (ww)	**подвући** (пг)	pódvući
stippellijn (de)	**испрекидана линија** (ж)	isprékidana línija

121. Vreemde talen

taal (de)	**језик** (м)	jézik
vreemd (bn)	**стран**	stran
vreemde taal (de)	**страни језик** (м)	stráni jézik
leren (bijv. van buiten ~)	**студирати** (пг)	studírati
studeren (Nederlands ~)	**учити** (пг)	účiti
lezen (ww)	**читати** (нг, пг)	čítati
spreken (ww)	**говорити** (нг)	govóriti
begrijpen (ww)	**разумевати** (пг)	razumévati
schrijven (ww)	**писати** (пг)	písati
snel (bw)	**брзо**	bŕzo

langzaam (bw)	**споро, полако**	spóro, poláko
vloeiend (bw)	**течно**	téčno
regels (mv.)	**правила** (мн)	právila
grammatica (de)	**граматика** (ж)	gramátika
vocabulaire (het)	**лексикон** (м)	léksikon
fonetiek (de)	**фонетика** (ж)	fonétika
leerboek (het)	**уџбеник** (м)	údžbenik
woordenboek (het)	**речник** (м)	réčnik
leerboek (het) voor zelfstudie	**приручник** (м)	príručnik
taalgids (de)	**приручник** (м) **за конверзацију**	príručnik za konverzáciju
cassette (de)	**касета** (ж)	kaséta
videocassette (de)	**видео касета** (ж)	vídeo kaséta
CD (de)	**ЦД диск** (м)	CD disk
DVD (de)	**ДВД** (м)	DVD
alfabet (het)	**азбука, абецеда** (ж)	ázbuka, abecéda
spellen (ww)	**спеловати** (пг)	spélovati
uitspraak (de)	**изговор** (м)	ízgovor
accent (het)	**нагласак** (м)	náglasak
met een accent (bw)	**са нагласком**	sa náglaskom
zonder accent (bw)	**без нагласка**	bez náglaska
woord (het)	**реч** (ж)	reč
betekenis (de)	**смисао** (м)	smísao
cursus (de)	**течај** (м)	téčaj
zich inschrijven (ww)	**уписати се**	upísati se
leraar (de)	**професор** (м)	prófesor
vertaling (een ~ maken)	**превођење** (с)	prevóđenje
vertaling (tekst)	**превод** (м)	prévod
vertaler (de)	**преводилац** (м)	prevódilac
tolk (de)	**преводилац** (м)	prevódilac
polyglot (de)	**полиглота** (м)	poliglóta
geheugen (het)	**памћење** (с)	pámćenje

122. Sprookjesfiguren

Sinterklaas (de)	**Деда Мраз** (м)	Déda Mraz
Assepoester (de)	**Пепељуга** (ж)	Pepéljuga
zeemeermin (de)	**сирена** (ж)	siréna
Neptunus (de)	**Нептун** (м)	Néptun
magiër, tovenaar (de)	**чаробњак** (м)	čaróbnjak
goede heks (de)	**чаробница** (ж)	čárobnica
magisch (bn)	**чаробан**	čároban
toverstokje (het)	**чаробни штап** (м)	čárobni štap
sprookje (het)	**бајка** (ж)	bájka

wonder (het)	**чудо** (с)	čúdo
dwerg (de)	**патуљак** (м)	patúljak
veranderen in ... (anders worden)	**претворити се у ...**	pretvóriti se u ...
geest (de)	**дух** (м)	duh
spook (het)	**сабласт** (ж)	sáblast
monster (het)	**чудовиште** (с)	čúdovište
draak (de)	**змај** (м)	zmaj
reus (de)	**див** (м)	div

123. Dierenriem

Ram (de)	**Ован** (м)	Óvan
Stier (de)	**Бик** (м)	Bik
Tweelingen (mv.)	**Близанци** (мн)	Blizánci
Kreeft (de)	**Рак** (м)	Rak
Leeuw (de)	**Лав** (м)	Lav
Maagd (de)	**Девица** (ж)	Dévica
Weegschaal (de)	**Вага** (ж)	Vága
Schorpioen (de)	**Шкорпија** (ж)	Škórpija
Boogschutter (de)	**Стрелац** (м)	Strélac
Steenbok (de)	**Јарац** (м)	Járac
Waterman (de)	**Водолија** (м)	Vodólija
Vissen (mv.)	**Рибе** (мн)	Ríbe
karakter (het)	**карактер** (м)	karákter
karaktertrekken (mv.)	**црте** (мн) **карактера**	cŕte káraktera
gedrag (het)	**понашање** (с)	ponášanje
waarzeggen (ww)	**гатати** (нг)	gátati
waarzegster (de)	**гатара** (ж)	gátara
horoscoop (de)	**хороскоп** (м)	hóroskop

Kunst

124. Theater

theater (het)	**позориште** (с)	pózorište
opera (de)	**опера** (ж)	ópera
operette (de)	**оперета** (ж)	operéta
ballet (het)	**балет** (м)	bálet
affiche (de/het)	**плакат** (м)	plákat
theatergezelschap (het)	**трупа** (ж)	trúpa
tournee (de)	**гостовање** (с)	góstovanje
op tournee zijn	**гостовати** (нг)	gostóvati
repeteren (ww)	**пробати** (пг)	próbati
repetitie (de)	**проба** (ж)	próba
repertoire (het)	**репертоар** (м)	repertóar
voorstelling (de)	**представа** (ж)	prédstava
spektakel (het)	**представа** (ж)	prédstava
toneelstuk (het)	**драма** (ж)	dráma
biljet (het)	**улазница** (ж)	úlaznica
kassa (de)	**благајна** (ж)	blágajna
foyer (de)	**фоаје** (м)	foáje
garderobe (de)	**гардероба** (ж)	garderóba
garderobe nummer (het)	**број** (м)	broj
verrekijker (de)	**двоглед** (м)	dvógled
plaatsaanwijzer (de)	**разводник** (м)	rázvodnik
parterre (de)	**партер** (м)	párter
balkon (het)	**балкон** (м)	bálkon
gouden rang (de)	**прва галерија** (ж)	pŕva galérija
loge (de)	**ложа** (ж)	lóža
rij (de)	**ред** (м)	red
plaats (de)	**седиште** (с)	sédište
publiek (het)	**публика** (ж)	públika
kijker (de)	**гледалац** (м)	glédalac
klappen (ww)	**тапшати** (нг)	tápšati
applaus (het)	**аплауз** (м)	áplauz
ovatie (de)	**овација** (ж)	ovácija
toneel (op het ~ staan)	**бина** (ж)	bína
gordijn, doek (het)	**завеса** (ж)	závesa
toneeldecor (het)	**декорација** (ж)	dekorácija
backstage (de)	**кулиса** (ж)	kulísa
scène (de)	**сцена** (ж)	scéna
bedrijf (het)	**акт, чин** (м)	akt, čin
pauze (de)	**пауза** (ж)	páuza

125. Bioscoop

acteur (de)	**глумац** (м)	glúmac
actrice (de)	**глумица** (ж)	glúmica
bioscoop (de)	**кино** (с)	kino
speelfilm (de)	**филм** (м)	film
aflevering (de)	**епизода** (ж)	epizóda
detectivefilm (de)	**детектив** (м)	detéktiv
actiefilm (de)	**акциони филм** (м)	ákcioni film
avonturenfilm (de)	**авантуристички филм** (м)	avantúristički film
sciencefictionfilm (de)	**научнофантастични филм** (м)	náučnofantástični film
griezelfilm (de)	**хорор филм** (м)	hóror film
komedie (de)	**комедија** (ж)	kómedija
melodrama (het)	**мелодрама** (ж)	mélodrama
drama (het)	**драма** (ж)	dráma
speelfilm (de)	**играни филм** (м)	ígrani fílm
documentaire (de)	**документарни филм** (м)	dókumentarni film
tekenfilm (de)	**цртани филм** (м)	cŕtani film
stomme film (de)	**неми филм** (м)	némi film
rol (de)	**улога** (ж)	úloga
hoofdrol (de)	**главна улога** (ж)	glávna úloga
spelen (ww)	**играти** (пг)	ígrati
filmster (de)	**филмска звезда** (ж)	fílmska zvézda
bekend (bn)	**чувен**	čúven
beroemd (bn)	**познат**	póznat
populair (bn)	**популаран**	pópularan
scenario (het)	**сценарио** (м)	scenário
scenarioschrijver (de)	**сценариста** (м)	scenárista
regisseur (de)	**режисер** (м)	režíser
filmproducent (de)	**продуцент** (м)	prodúcent
assistent (de)	**асистент** (м)	asístent
cameraman (de)	**сниматељ** (м)	snímatelj
stuntman (de)	**каскадер** (м)	kaskáder
stuntdubbel (de)	**двојник** (м)	dvójnik
een film maken	**снимати филм**	snímati film
auditie (de)	**аудиција** (ж)	audícija
opnamen (mv.)	**снимање** (с)	snímanje
filmploeg (de)	**филмска екипа** (ж)	fílmska ekípa
filmset (de)	**терен** (м)	téren
filmcamera (de)	**филмска камера** (ж)	fílmska kámera
bioscoop (de)	**биоскоп** (м)	bíoskop
scherm (het)	**екран** (м)	ékran
een film vertonen	**приказивати филм**	prikazívati film
geluidsspoor (de)	**звучни запис** (м)	zvúčni zápis
speciale effecten (mv.)	**специјални ефекти** (мн)	spécijalni efékti

ondertiteling (de)	**титлови** (мн)	títlovi
voortiteling, aftiteling (de)	**имена** (мн) **глумаца**	iména glúmaca
vertaling (de)	**превод** (м)	prévod

126. Schilderij

kunst (de)	**уметност** (ж)	úmetnost
schone kunsten (mv.)	**ликовна уметност** (ж)	líkovna úmetnost
kunstgalerie (de)	**уметничка галерија** (ж)	umétnička gálerija
kunsttentoonstelling (de)	**изложба** (ж) **слика**	ízložba slíka
schilderkunst (de)	**сликарство** (с)	slikárstvo
grafiek (de)	**графика** (ж)	gráfika
abstracte kunst (de)	**апстракционизам** (м)	apstrakcionízam
impressionisme (het)	**импресионизам** (м)	impresionízam
schilderij (het)	**слика** (ж)	slíka
tekening (de)	**цртеж** (м)	cŕtež
poster (de)	**постер** (м)	póster
illustratie (de)	**илустрација** (ж)	ilustrácija
miniatuur (de)	**минијатура** (ж)	minijatúra
kopie (de)	**копија** (ж)	kópija
reproductie (de)	**репродукција** (ж)	reprodúkcija
mozaïek (het)	**мозаик** (м)	mozáik
gebrandschilderd glas (het)	**витраж** (м)	vítraž
fresco (het)	**фреска** (ж)	fréska
gravure (de)	**гравура** (ж)	gravúra
buste (de)	**попрсје** (с)	póprsje
beeldhouwwerk (het)	**скулптура** (ж)	skulptúra
beeld (bronzen ~)	**кип** (м)	kip
gips (het)	**гипс** (м)	gips
gipsen (bn)	**од гипса**	od gípsa
portret (het)	**портрет** (м)	pórtret
zelfportret (het)	**аутопортрет** (м)	autopórtret
landschap (het)	**пејзаж** (м)	péjzaž
stilleven (het)	**мртва природа** (ж)	mŕtva príroda
karikatuur (de)	**карикатура** (ж)	karikatúra
schets (de)	**нацрт** (м)	nacrt
verf (de)	**боја** (ж)	bója
aquarel (de)	**акварел** (м)	akvárel
olieverf (de)	**уљана боја** (ж)	úljana bója
potlood (het)	**оловка** (ж)	ólovka
Oost-Indische inkt (de)	**туш** (м)	tuš
houtskool (de)	**угаљ** (м)	úgalj
tekenen (met krijt)	**цртати** (нг, пг)	cŕtati
schilderen (ww)	**сликати** (пг)	slíkati
poseren (ww)	**позирати** (нг)	pozírati
naaktmodel (man)	**сликарски модел** (м)	slíkarski módel

naaktmodel (vrouw)	**сликарски модел** (м)	slíkarski módel
kunstenaar (de)	**сликар** (м)	slíkar
kunstwerk (het)	**уметничко дело** (с)	umétničko délo
meesterwerk (het)	**ремек-дело** (с)	rémek-délo
studio, werkruimte (de)	**радионица** (ж)	radiónica
schildersdoek (het)	**платно** (м)	plátno
schildersezel (de)	**штафелај** (м)	štafélaj
palet (het)	**палета** (ж)	paléta
lijst (een vergulde ~)	**оквир** (м)	ókvir
restauratie (de)	**рестаурација** (ж)	restaurácija
restaureren (ww)	**рестаурирати** (пг)	restaurírati

127. Literatuur & Poëzie

literatuur (de)	**књижевност** (ж)	knjíževnost
auteur (de)	**аутор** (м)	áutor
pseudoniem (het)	**псеудоним** (м)	pseudónim
boek (het)	**књига** (ж)	knjíga
boekdeel (het)	**том** (м)	tom
inhoudsopgave (de)	**садржај** (м)	sádržaj
pagina (de)	**страна** (ж)	strána
hoofdpersoon (de)	**главни јунак** (м)	glávni júnak
handtekening (de)	**аутограм** (м)	autógram
verhaal (het)	**кратка прича** (ж)	krátka príča
novelle (de)	**прича** (ж)	príča
roman (de)	**роман** (м)	róman
werk (literatuur)	**дело** (с)	délo
fabel (de)	**басна** (ж)	básna
detectiveroman (de)	**детектив** (м)	detéktiv
gedicht (het)	**песма** (ж)	pésma
poëzie (de)	**поезија** (ж)	póezija
epos (het)	**поема** (ж)	póema
dichter (de)	**песник** (м)	pésnik
fictie (de)	**белетристика** (ж)	beletrístika
sciencefiction (de)	**научна фантастика** (ж)	náučna fantástika
avonturenroman (de)	**доживљаји** (мн)	doživljaji
opvoedkundige literatuur (de)	**образовна литература** (ж)	óbrazovna literatúra
kinderliteratuur (de)	**књижевност** (ж) **за децу**	knjižévnost za décu

128. Circus

circus (de/het)	**циркус** (м)	církus
chapiteau circus (de/het)	**путујући циркус** (м)	pútujući církus
programma (het)	**програм** (м)	prógram
voorstelling (de)	**представа** (ж)	prédstava
nummer (circus ~)	**тачка** (ж)	táčka

arena (de)	**арена** (ж)	aréna
pantomime (de)	**пантомима** (ж)	pantomíma
clown (de)	**кловн** (м)	klovn
acrobaat (de)	**акробата** (м)	akróbata
acrobatiek (de)	**акробатика** (ж)	akrobátika
gymnast (de)	**гимнастичар** (м)	gimnástičar
gymnastiek (de)	**гимнастика** (ж)	gimnástika
salto (de)	**салто** (м)	sálto
sterke man (de)	**атлета** (м)	atleta
temmer (de)	**укротитељ** (м)	ukrótitelj
ruiter (de)	**јахач** (м)	jáhač
assistent (de)	**асистент** (м)	asístent
stunt (de)	**трик** (м)	trik
goocheltruc (de)	**трик** (м)	trik
goochelaar (de)	**мађионичар** (м)	mađióničar
jongleur (de)	**жонглер** (м)	žóngler
jongleren (ww)	**жонглирати** (нг)	žonglírati
dierentrainer (de)	**дресер** (м)	dréser
dressuur (de)	**дресура** (ж)	dresúra
dresseren (ww)	**дресирати** (пг)	dresírati

129. Muziek. Popmuziek

muziek (de)	**музика** (ж)	múzika
muzikant (de)	**музичар** (м)	múzičar
muziekinstrument (het)	**музички инструмент** (м)	múzički instrúment
spelen (bijv. gitaar ~)	**свирати ...**	svírati ...
gitaar (de)	**гитара** (ж)	gitára
viool (de)	**виолина** (ж)	violína
cello (de)	**виолончело** (с)	violónčelo
contrabas (de)	**контрабас** (м)	kóntrabas
harp (de)	**харфа** (ж)	hárfa
piano (de)	**клавир** (м)	klávir
vleugel (de)	**велики клавир** (м)	véliki klávir
orgel (het)	**оргуље** (мн)	órgulje
blaasinstrumenten (mv.)	**дувачки инструменти** (мн)	dúvački instruménti
hobo (de)	**обоа** (ж)	obóa
saxofoon (de)	**саксофон** (м)	sáksofon
klarinet (de)	**кларинет** (м)	klarínet
fluit (de)	**флаута** (ж)	fláuta
trompet (de)	**труба** (ж)	trúba
accordeon (de/het)	**хармоника** (ж)	harmónika
trommel (de)	**бубањ** (м)	búbanj
duet (het)	**дует** (м)	dúet
trio (het)	**трио** (м)	trío

kwartet (het)	**квартет** (м)	kvártet
koor (het)	**хор** (м)	hor
orkest (het)	**оркестар** (м)	órkestar
popmuziek (de)	**поп музика** (ж)	pop múzika
rockmuziek (de)	**рок музика** (ж)	rok múzika
rockgroep (de)	**рок група** (ж)	rok grúpa
jazz (de)	**џез** (м)	džez
idool (het)	**идол** (м)	ídol
bewonderaar (de)	**поштовалац** (м)	poštóvalac
concert (het)	**концерт** (м)	kóncert
symfonie (de)	**симфонија** (ж)	símfonija
compositie (de)	**дело** (с)	délo
componeren (muziek ~)	**компоновати** (пг)	komponóvati
zang (de)	**певање** (с)	pévanje
lied (het)	**песма** (ж)	pésma
melodie (de)	**мелодија** (ж)	mélodija
ritme (het)	**ритам** (м)	rítam
blues (de)	**блуз** (м)	blúz
bladmuziek (de)	**ноте** (мн)	nóte
dirigeerstok (baton)	**палица** (ж)	pálica
strijkstok (de)	**гудало** (с)	gúdalo
snaar (de)	**жица** (ж)	žíca
koffer (de)	**футрола** (ж)	futróla

Rusten. Entertainment. Reizen

130. Trip. Reizen

toerisme (het)	**туризам** (м)	turízam
toerist (de)	**туриста** (м)	turísta
reis (de)	**путовање** (с)	putovánje
avontuur (het)	**авантура** (ж)	avantúra
tocht (de)	**путовање** (с)	putovánje
vakantie (de)	**одмор** (м)	ódmor
met vakantie zijn	**бити на годишњем одмору**	bíti na gódišnjem ódmoru
rust (de)	**одмор** (м)	ódmor
trein (de)	**воз** (м)	voz
met de trein	**возом**	vózom
vliegtuig (het)	**авион** (м)	avíon
met het vliegtuig	**авионом**	aviónom
met de auto	**колима, аутом**	kólima, áutom
per schip (bw)	**бродом**	bródom
bagage (de)	**пртљаг** (м)	pŕtljag
valies (de)	**кофер** (м)	kófer
bagagekarretje (het)	**колица** (мн) **за пртљаг**	kolíca za pŕtljag
paspoort (het)	**пасош** (м)	pásoš
visum (het)	**виза** (ж)	víza
kaartje (het)	**карта** (ж)	kárta
vliegticket (het)	**авионска карта** (ж)	aviónska kárta
reisgids (de)	**водич** (м)	vódič
kaart (de)	**мапа** (ж)	mápa
gebied (landelijk ~)	**подручје** (с)	pódručje
plaats (de)	**место** (с)	mésto
exotische bestemming (de)	**егзотика** (ж)	egzótika
exotisch (bn)	**егзотичан**	egzótičan
verwonderlijk (bn)	**диван**	dívan
groep (de)	**група** (ж)	grúpa
rondleiding (de)	**екскурзија** (ж)	ekskúrzija
gids (de)	**водич** (м)	vódič

131. Hotel

hotel (het)	**хотел** (м)	hótel
motel (het)	**мотел** (м)	mótel

3-sterren	**три звездице**	tri zvézdice
5-sterren	**пет звездица**	pet zvézdica
overnachten (ww)	**одсести** (нг)	ódsesti
kamer (de)	**соба** (ж)	sóba
eenpersoonskamer (de)	**једнокреветна соба** (ж)	jédnokrevetna sóba
tweepersoonskamer (de)	**двокреветна соба** (ж)	dvókrevetna sóba
een kamer reserveren	**резервисати собу**	rezervísati sóbu
halfpension (het)	**полупансион** (м)	polupansíon
volpension (het)	**пун пансион** (м)	pun pansíon
met badkamer	**са кадом**	sa kádom
met douche	**са тушем**	sa túšem
satelliet-tv (de)	**сателитска телевизија** (ж)	satelítska televízija
airconditioner (de)	**клима** (ж)	klíma
handdoek (de)	**пешкир** (м)	péškir
sleutel (de)	**кључ** (м)	ključ
administrateur (de)	**администратор** (м)	administrátor
kamermeisje (het)	**собарица** (ж)	sóbarica
piccolo (de)	**носач** (м)	nósač
portier (de)	**вратар** (м)	vrátar
restaurant (het)	**ресторан** (м)	restóran
bar (de)	**бар** (м)	bar
ontbijt (het)	**доручак** (м)	dóručak
avondeten (het)	**вечера** (ж)	véčera
buffet (het)	**шведски сто** (м)	švédski sto
hal (de)	**фоаје** (м)	foáje
lift (de)	**лифт** (м)	lift
NIET STOREN	**НЕ УЗНЕМИРАВАТИ**	NE UZNEMIRAVATI
VERBODEN TE ROKEN!	**ЗАБРАЊЕНО ПУШЕЊЕ**	ZABRANJENO PUŠENJE

132. Boeken. Lezen

boek (het)	**књига** (ж)	knjíga
auteur (de)	**аутор** (м)	áutor
schrijver (de)	**писац** (м)	písac
schrijven (een boek)	**написати** (пг)	napísati
lezer (de)	**читалац** (м)	čítalac
lezen (ww)	**читати** (нг, пг)	čítati
lezen (het)	**читање** (с)	čítanje
stil (~ lezen)	**у себи**	u sébi
hardop (~ lezen)	**наглас**	náglas
uitgeven (boek ~)	**издавати** (пг)	izdávati
uitgeven (het)	**издање** (с)	izdánje
uitgever (de)	**издавач** (м)	izdávač
uitgeverij (de)	**издавачка кућа** (ж)	izdávačka kúća

verschijnen (bijv. boek)	**изаћи** (нг)	ízaći
verschijnen (het)	**излазак** (м)	ízlazak
oplage (de)	**тираж** (м)	tíraž
boekhandel (de)	**књижара** (ж)	knjížara
bibliotheek (de)	**библиотека** (ж)	bibliotéka
novelle (de)	**прича** (ж)	príča
verhaal (het)	**кратка прича** (ж)	krátka príča
roman (de)	**роман** (м)	róman
detectiveroman (de)	**детектив** (м)	detéktiv
memoires (mv.)	**мемоари** (мн)	memoári
legende (de)	**легенда** (ж)	légenda
mythe (de)	**мит** (м)	mit
gedichten (mv.)	**песме** (мн)	pésme
autobiografie (de)	**аутобиографија** (ж)	autobiográfija
bloemlezing (de)	**изабрана дела** (мн)	ízabrana déla
sciencefiction (de)	**научна фантастика** (ж)	náučna fantástika
naam (de)	**назив** (м)	náziv
inleiding (de)	**увод** (м)	úvod
voorblad (het)	**насловна страна** (ж)	náslovna strána
hoofdstuk (het)	**поглавље** (с)	póglavlje
fragment (het)	**одломак** (м)	ódlomak
episode (de)	**епизода** (ж)	epizóda
intrige (de)	**сиже** (м)	síže
inhoud (de)	**садржина** (ж)	sádržina
inhoudsopgave (de)	**садржај** (м)	sádržaj
hoofdpersonage (het)	**главни јунак** (м)	glávni júnak
boekdeel (het)	**том** (м)	tom
omslag (de/het)	**корица** (ж)	kórica
boekband (de)	**корице** (мн)	kórice
bladwijzer (de)	**ознака** (ж)	óznaka
pagina (de)	**страна** (ж)	strána
bladeren (ww)	**листати** (пг)	lístati
marges (mv.)	**маргине** (мн)	márgine
annotatie (de)	**забелешка** (ж)	zábeleška
opmerking (de)	**фуснота** (ж)	fúsnota
tekst (de)	**текст** (м)	tekst
lettertype (het)	**фонт** (м)	font
drukfout (de)	**штампарска грешка** (ж)	štámparska gréška
vertaling (de)	**превод** (м)	prévod
vertalen (ww)	**преводити** (пг)	prevóditi
origineel (het)	**оригинал** (м)	orígínal
beroemd (bn)	**познат**	póznat
onbekend (bn)	**непознат**	népoznat
interessant (bn)	**интересантан**	interesántan

bestseller (de)	**бестселер** (м)	bestséler
woordenboek (het)	**речник** (м)	réčnik
leerboek (het)	**уџбеник** (м)	údžbenik
encyclopedie (de)	**енциклопедија** (ж)	enciklopédija

133. Jacht. Vissen

jacht (de)	**лов** (м)	lov
jagen (ww)	**ловити** (пг)	lóviti
jager (de)	**ловац** (м)	lóvac
schieten (ww)	**пуцати** (нг)	púcati
geweer (het)	**пушка** (ж)	púška
patroon (de)	**метак** (м)	métak
hagel (de)	**сачма** (ж)	sáčma
val (de)	**замка** (ж)	zámka
valstrik (de)	**клопка** (ж)	klópka
in de val trappen	**упасти у замку**	úpasti u zámku
een val zetten	**поставити замку**	póstaviti zámku
stroper (de)	**ловокрадица** (м)	lovokrádica
wild (het)	**дивљач** (ж)	dívljač
jachthond (de)	**ловачки пас** (м)	lóvački pas
safari (de)	**сафари** (м)	safári
opgezet dier (het)	**препарирана животиња** (ж)	preparírana živótinja
visser (de)	**риболовац, пецарош** (м)	ríbolovac, pécaroš
visvangst (de)	**пецање** (с), **риболов** (м)	pecanje, ríbolov
vissen (ww)	**пецати** (нг)	pécati
hengel (de)	**пецаљка** (ж)	pécaljka
vislijn (de)	**струна** (ж)	strúna
haak (de)	**удица** (ж)	údica
dobber (de)	**пловак** (м)	plóvak
aas (het)	**мамац** (м)	mámac
de hengel uitwerpen	**бацити удицу**	báciti údicu
bijten (ov. de vissen)	**гристи** (нг)	grísti
vangst (de)	**улов** (м)	úlov
wak (het)	**рупа** (ж) **у леду**	rúpa u lédu
net (het)	**мрежа** (ж)	mréža
boot (de)	**чамац** (м)	čámac
vissen met netten	**ловити мрежом**	lóviti mréžom
het net uitwerpen	**бацати мрежу**	bácati mréžu
het net binnenhalen	**извлачити мрежу**	izvláčiti mréžu
in het net vallen	**упасти у мрежу**	úpasti u mréžu
walvisvangst (de)	**китоловац** (м)	kitolóvac
walvisvaarder (de)	**китоловац** (м)	kitolóvac
harpoen (de)	**харпун** (м)	hárpun

134. Spellen. Biljart

biljart (het)	**билијар** (м)	bilíjar
biljartzaal (de)	**билијарска сала** (ж)	bilíjarska sála
biljartbal (de)	**билијарска кугла** (ж)	bilíjarska kugla
een bal in het gat jagen	**убацити** (пг) **куглу**	úbaciti kúglu
keu (de)	**так** (м)	tak
gat (het)	**рупа** (ж)	rúpa

135. Spellen. Speelkaarten

ruiten (mv.)	**каро** (м)	káro
schoppen (mv.)	**пик** (м)	pik
klaveren (mv.)	**херц** (м)	herc
harten (mv.)	**треф** (м)	tref
aas (de)	**кец** (м)	kec
koning (de)	**краљ** (м)	kralj
dame (de)	**дама** (ж)	dáma
boer (de)	**жандар** (м)	žándar
speelkaart (de)	**карта** (ж) **за играње**	kárta za ígranje
kaarten (mv.)	**карте** (мн)	kárte
troef (de)	**адут** (м)	ádut
pak (het) kaarten	**шпил** (м)	špil
punt (bijv. vijftig ~en)	**бод** (м)	bod
uitdelen (kaarten ~)	**делити** (пг)	déliti
schudden (de kaarten ~)	**мешати** (пг)	méšati
beurt (de)	**потез** (м)	pótez
valsspeler (de)	**варалица** (м)	váralica

136. Rusten. Spellen. Diversen

wandelen (on.ww.)	**шетати се**	šétati se
wandeling (de)	**шетња** (ж)	šétnja
trip (per auto)	**излет** (м)	ízlet
avontuur (het)	**авантура** (ж)	avantúra
picknick (de)	**пикник** (м)	píknik
spel (het)	**игра** (ж)	ígra
speler (de)	**играч** (м)	ígrač
partij (de)	**партија** (ж)	pártija
collectioneur (de)	**колекционар** (м)	kolékcionar
collectioneren (ww)	**колектирати** (пг)	kolektírati
collectie (de)	**колекција** (ж)	kolékcija
kruiswoordraadsel (het)	**укрштеница** (ж)	úkrštenica
hippodroom (de)	**хиподром** (м)	hípodrom

discotheek (de)	**дискотека** (ж)	diskotéka
sauna (de)	**сауна** (ж)	sáuna
loterij (de)	**лутрија** (ж)	lútrija
trektocht (kampeertocht)	**камповање** (с)	kampovanje
kamp (het)	**камп** (м)	kamp
tent (de)	**шатор** (м)	šátor
kompas (het)	**компас** (м)	kómpas
rugzaktoerist (de)	**кампер** (м)	kámper
bekijken (een film ~)	**гледати** (пг)	glédati
kijker (televisie~)	**гледалац** (м)	glédalac
televisie-uitzending (de)	**телевизијска емисија** (ж)	televízijska emísija

137. Fotografie

fotocamera (de)	**фотоапарат** (м)	fotoapárat
foto (de)	**фотографија** (ж)	fotográfija
fotograaf (de)	**фотограф** (м)	fotógraf
fotostudio (de)	**фото студио** (м)	fóto stúdio
fotoalbum (het)	**фото албум** (м)	fóto álbum
lens (de), objectief (het)	**објектив** (м)	óbjektiv
telelens (de)	**телеобјектив** (м)	teleobjéktiv
filter (de/het)	**филтар** (м)	fíltar
lens (de)	**сочиво** (с)	sóčivo
optiek (de)	**оптика** (ж)	óptika
diafragma (het)	**дијафрагма** (ж)	dijafrágma
belichtingstijd (de)	**експозиција** (ж)	ekspozícija
zoeker (de)	**тражило** (с)	trážilo
digitale camera (de)	**дигитална камера** (ж)	dígitalna kámera
statief (het)	**троножац** (м)	trónožac
flits (de)	**блиц** (м)	blic
fotograferen (ww)	**сликати** (пг)	slíkati
foto's maken	**сликати** (пг)	slíkati
zich laten fotograferen	**сликати се**	slíkati se
focus (de)	**фокус** (м)	fókus
scherpstellen (ww)	**фокусирати** (пг)	fokusírati
scherp (bn)	**оштар**	óštar
scherpte (de)	**оштрина** (ж)	oštrína
contrast (het)	**контраст** (м)	kóntrast
contrastrijk (bn)	**контрастан**	kóntrastan
kiekje (het)	**слика** (ж)	slíka
negatief (het)	**негатив** (м)	négativ
filmpje (het)	**филм** (м)	film
beeld (frame)	**кадар** (м)	kádar
afdrukken (foto's ~)	**штампати** (пг)	štámpati

138. Strand. Zwemmen

strand (het)	**плажа** (ж)	pláža
zand (het)	**песак** (м)	pésak
leeg (~ strand)	**пуст**	pust
bruine kleur (de)	**препланулост** (ж)	preplánulost
zonnebaden (ww)	**сунчати се**	súnčati se
gebruind (bn)	**преплануо**	preplánuo
zonnecrème (de)	**крема** (ж) **за сунчање**	kréma za súnčanje
bikini (de)	**бикини** (м)	bikíni
badpak (het)	**купаћи костим** (м)	kúpaći kóstim
zwembroek (de)	**купаће гаће** (мн)	kúpaće gáće
zwembad (het)	**базен** (м)	bázen
zwemmen (ww)	**пливати** (нг)	plívati
douche (de)	**туш** (м)	tuš
zich omkleden (ww)	**пресвлачити се**	presvláčiti se
handdoek (de)	**пешкир** (м)	péškir
boot (de)	**чамац** (м)	čámac
motorboot (de)	**моторни брод** (м)	mótorni brod
waterski's (mv.)	**водене скије** (мн)	vódene skije
waterfiets (de)	**педалина** (ж)	pedalína
surfen (het)	**сурфовање** (с)	súrfovanje
surfer (de)	**сурфер** (м)	súrfer
scuba, aqualong (de)	**ронилачка опрема** (ж)	rónilačka óprema
zwemvliezen (mv.)	**пераја** (мн)	péraja
duikmasker (het)	**маска** (ж)	máska
duiker (de)	**ронилац** (м)	rónilac
duiken (ww)	**ронити** (нг)	róniti
onder water (bw)	**под водом**	pod vódom
parasol (de)	**сунцобран** (м)	súncobran
ligstoel (de)	**лежаљка** (ж)	léžaljka
zonnebril (de)	**наочаре** (мн)	náočare
luchtmatras (de/het)	**душек** (м) **за пливање**	dúšek za plívanje
spelen (ww)	**играти се**	ígrati se
gaan zwemmen (ww)	**купати се**	kúpati se
bal (de)	**лопта** (ж)	lópta
opblazen (oppompen)	**пумпати** (пг)	púmpati
lucht-, opblaasbare (bn)	**на надувавање**	na naduvavanje
golf (hoge ~)	**талас** (м)	tálas
boei (de)	**бова** (ж)	bóva
verdrinken (ww)	**давити се**	dáviti se
redden (ww)	**спасавати** (пг)	spasávati
reddingsvest (de)	**прслук** (м) **за спасавање**	pŕsluk za spásavanje
waarnemen (ww)	**посматрати** (нг)	posmátrati
redder (de)	**спасилац** (м)	spásilac

TECHNISCHE APPARATUUR. VERVOER

Technische apparatuur

139. Computer

computer (de)	**рачунар** (м)	račúnar
laptop (de)	**лаптоп** (м)	láptop
aanzetten (ww)	**укључити** (пг)	uključiti
uitzetten (ww)	**искључити** (пг)	isključiti
toetsenbord (het)	**тастатура** (ж)	tastatúra
toets (enter~)	**тастер** (м)	táster
muis (de)	**миш** (ж)	miš
muismat (de)	**подлога** (ж) **за миша**	pódloga za miša
knopje (het)	**дугме** (с)	dúgme
cursor (de)	**курсор** (м)	kúrsor
monitor (de)	**монитор** (м)	mónitor
scherm (het)	**екран** (м)	ékran
harde schijf (de)	**хард диск** (м)	hard disk
volume (het) van de harde schijf	**капацитет** (м) **хард диска**	kapacítet hard díska
geheugen (het)	**меморија** (ж)	mémorija
RAM-geheugen (het)	**РАМ меморија** (ж)	RAM mémorija
bestand (het)	**фајл** (м)	fajl
folder (de)	**фолдер** (м)	fólder
openen (ww)	**отворити** (пг)	ótvoriti
sluiten (ww)	**затворити** (пг)	zatvóriti
opslaan (ww)	**снимити, сачувати** (пг)	snímiti, sačúvati
verwijderen (wissen)	**избрисати** (пг)	ízbrisati
kopiëren (ww)	**копирати** (пг)	kopírati
sorteren (ww)	**сортирати** (пг)	sortírati
overplaatsen (ww)	**пребацити** (пг)	prebáciti
programma (het)	**програм** (м)	prógram
software (de)	**софтвер** (м)	sóftver
programmeur (de)	**програмер** (м)	prográmer
programmeren (ww)	**програмирати** (пг)	programírati
hacker (computerkraker)	**хакер** (м)	háker
wachtwoord (het)	**лозинка** (ж)	lózinka
virus (het)	**вирус** (м)	vírus
ontdekken (virus ~)	**пронаћи** (пг)	prónaći

byte (de)	**бајт** (м)	bajt
megabyte (de)	**мегабајт** (м)	mégabajt
data (de)	**подаци** (мн)	pódaci
databank (de)	**база** (ж) **података**	báza pódataka
kabel (USB-~, enz.)	**кабл** (м)	kabl
afsluiten (ww)	**искључити** (пг)	isključiti
aansluiten op (ww)	**спојити** (пг)	spójiti

140. Internet. E-mail

internet (het)	**интернет** (м)	ínternet
browser (de)	**прегледач** (м)	prégledač
zoekmachine (de)	**претраживач** (м)	pretražívač
internetprovider (de)	**провајдер** (м)	provájder
webmaster (de)	**вебмастер** (м)	vebmáster
website (de)	**веб-сајт** (м)	veb-sajt
webpagina (de)	**веб-страница** (ж)	veb-stránica
adres (het)	**адреса** (ж)	adrésa
adresboek (het)	**адресар** (м)	adrésar
postvak (het)	**поштанско сандуче** (с)	póštansko sánduče
post (de)	**пошта** (ж)	póšta
vol (~ postvak)	**пун**	pun
bericht (het)	**порука** (ж)	póruka
binnenkomende berichten (mv.)	**долазне поруке** (мн)	dólazne póruke
uitgaande berichten (mv.)	**одлазне поруке** (мн)	ódlazne póruke
verzender (de)	**пошиљалац** (м)	póšiljalac
verzenden (ww)	**послати** (пг)	póslati
verzending (de)	**слање** (с)	slánje
ontvanger (de)	**прималац** (м)	prímalac
ontvangen (ww)	**примити** (пг)	prímiti
correspondentie (de)	**дописивање** (с)	dopisívanje
corresponderen (met …)	**водити преписку**	vóditi prépisku
bestand (het)	**фајл** (м)	fajl
downloaden (ww)	**преузети** (пг)	preúzeti
creëren (ww)	**створити** (пг)	stvóriti
verwijderen (een bestand ~)	**избрисати** (пг)	ízbrisati
verwijderd (bn)	**избрисан**	ízbrisan
verbinding (de)	**веза** (ж)	véza
snelheid (de)	**брзина** (ж)	brzína
modem (de)	**модем** (м)	módem
toegang (de)	**приступ** (м)	prístup
poort (de)	**порт** (м)	port
aansluiting (de)	**повезивање** (с)	povezívanje

zich aansluiten (ww)	**повезати се**	povézati se
selecteren (ww)	**изабрати** (пг)	izábrati
zoeken (ww)	**тражити** (пг)	trážiti

Vervoer

141. Vliegtuig

vliegtuig (het)	**авион** (м)	avíon
vliegticket (het)	**авионска карта** (ж)	aviónska kárta
luchtvaartmaatschappij (de)	**авио-компанија** (ж)	ávio-kompánija
luchthaven (de)	**аеродром** (м)	aeródrom
supersonisch (bn)	**суперсоничан**	supersóničan
gezagvoerder (de)	**капетан** (м) **авиона**	kapétan avíona
bemanning (de)	**посада** (ж)	pósada
piloot (de)	**пилот** (м)	pílot
stewardess (de)	**стјуардеса** (ж)	stjuardésa
stuurman (de)	**навигатор** (м)	navígator
vleugels (mv.)	**крила** (мн)	kríla
staart (de)	**реп** (м)	rep
cabine (de)	**кабина** (ж)	kabína
motor (de)	**мотор** (м)	mótor
landingsgestel (het)	**шасија** (ж)	šásija
turbine (de)	**турбина** (ж)	turbína
propeller (de)	**пропелер** (м)	propéler
zwarte doos (de)	**црна кутија** (ж)	cŕna kútija
stuur (het)	**управљач** (м)	uprávljač
brandstof (de)	**гориво** (м)	górivo
veiligheidskaart (de)	**упутство** (с) **за ванредне ситуације**	úputstvo za vanredne situácije
zuurstofmasker (het)	**маска** (ж) **за кисеоник**	máska za kiseónik
uniform (het)	**униформа** (ж)	úniforma
reddingsvest (de)	**прслук** (м) **за спасавање**	pŕsluk za spásavanje
parachute (de)	**падобран** (м)	pádobran
opstijgen (het)	**полетање, узлетање** (с)	polétanje, uzlétanje
opstijgen (ww)	**полетати** (нг)	polétati
startbaan (de)	**писта** (ж)	písta
zicht (het)	**видљивост** (ж)	vídljivost
vlucht (de)	**лет** (м)	let
hoogte (de)	**висина** (ж)	visína
luchtzak (de)	**ваздушни џеп** (м)	vázdušni džep
plaats (de)	**седиште** (с)	sédište
koptelefoon (de)	**слушалице** (мн)	slúšalice
tafeltje (het)	**сточић** (м) **на расклапање**	stóčić na rasklápanje
venster (het)	**прозор** (м)	prózor
gangpad (het)	**пролаз** (м)	prólaz

142. Trein

trein (de)	**воз** (м)	voz
elektrische trein (de)	**електрични воз** (м)	eléktrični voz
sneltrein (de)	**брзи воз** (м)	bŕzi voz
diesellocomotief (de)	**дизел локомотива** (ж)	dízel lokomotíva
stoomlocomotief (de)	**парна локомотива** (ж)	párna lokomotíva
rijtuig (het)	**вагон** (м)	vágon
restauratierijtuig (het)	**вагон ресторан** (м)	vágon restóran
rails (mv.)	**шине** (мн)	šíne
spoorweg (de)	**железница** (ж)	žéleznica
dwarsligger (de)	**праг** (м)	prag
perron (het)	**перон** (м)	péron
spoor (het)	**колосек** (м)	kólosek
semafoor (de)	**семафор** (м)	sémafor
halte (bijv. kleine treinhalte)	**станица** (ж)	stánica
machinist (de)	**машиновођа** (м)	mašinóvođa
kruier (de)	**носач** (м)	nósač
conducteur (de)	**послужитељ** (м) **у возу**	poslúžitelj u vózu
passagier (de)	**путник** (м)	pútnik
controleur (de)	**контролер** (м)	kontróler
gang (in een trein)	**ходник** (м)	hódnik
noodrem (de)	**кочница** (ж)	kóčnica
coupé (de)	**купе** (м)	kúpe
bed (slaapplaats)	**лежај** (м)	léžaj
bovenste bed (het)	**горњи лежај** (м)	górnji léžaj
onderste bed (het)	**доњи лежај** (м)	dónji léžaj
beddengoed (het)	**постељина** (ж)	posteljína
kaartje (het)	**карта** (ж)	kárta
dienstregeling (de)	**ред** (м) **вожње**	red vóžnje
informatiebord (het)	**табла** (ж)	tábla
vertrekken (De trein vertrekt ...)	**одлазити** (нг)	ódlaziti
vertrek (ov. een trein)	**полазак** (м)	pólazak
aankomen (ov. de treinen)	**долазити** (нг)	dólaziti
aankomst (de)	**долазак** (м)	dólazak
aankomen per trein	**доћи возом**	dóći vózom
in de trein stappen	**сести у воз**	sésti u voz
uit de trein stappen	**сићи с воза**	síći s vóza
treinwrak (het)	**железничка несрећа** (ж)	žéleznička nésreća
ontspoord zijn	**исклизнути из шина**	ískliznuti iz šína
stoomlocomotief (de)	**парна локомотива** (ж)	párna lokomotíva
stoker (de)	**ложач** (м)	lóžač
stookplaats (de)	**ложиште** (с)	lóžište
steenkool (de)	**угаљ** (м)	úgalj

143. Schip

schip (het)	**брод** (м)	brod
vaartuig (het)	**брод** (м)	brod
stoomboot (de)	**пароброд** (м)	párobrod
motorschip (het)	**речни брод** (м)	réčni brod
lijnschip (het)	**прекоокеански брод** (м)	prekookéanski brod
kruiser (de)	**крстарица** (ж)	krstárica
jacht (het)	**јахта** (ж)	jáhta
sleepboot (de)	**тегљач** (м)	tégljač
duwbak (de)	**шлеп** (м)	šlép
ferryboot (de)	**трајект** (м)	trájekt
zeilboot (de)	**једрењак** (м)	jedrénjak
brigantijn (de)	**бригантина** (ж)	brigantína
ijsbreker (de)	**ледоломац** (м)	ledolómac
duikboot (de)	**подморница** (ж)	pódmornica
boot (de)	**чамац** (м)	čámac
sloep (de)	**чамац** (м)	čámac
reddingssloep (de)	**чамац** (м) **за спасавање**	čámac za spásavanje
motorboot (de)	**моторни брод** (м)	mótorni brod
kapitein (de)	**капетан** (м)	kapétan
zeeman (de)	**морнар** (м)	mórnar
matroos (de)	**поморац, морнар** (м)	pómorac, mórnar
bemanning (de)	**посада** (ж)	pósada
bootsman (de)	**вођа** (м) **палубе**	vóđa pálube
scheepsjongen (de)	**бродски момак** (м)	bródski mómak
kok (de)	**кувар** (м)	kúvar
scheepsarts (de)	**бродски лекар** (м)	bródski lékar
dek (het)	**палуба** (ж)	páluba
mast (de)	**јарбол** (м)	járbol
zeil (het)	**једро** (с)	jédro
ruim (het)	**потпалубље** (с)	pótpalublje
voorsteven (de)	**прамац** (м)	prámac
achtersteven (de)	**крма** (ж)	kŕma
roeispaan (de)	**весло** (с)	véslo
schroef (de)	**бродски пропелер** (м)	bródski propéler
kajuit (de)	**кабина** (ж)	kabína
officierskamer (de)	**официрска менза** (ж)	ofícirska ménza
machinekamer (de)	**стројарница** (ж)	strójarnica
brug (de)	**капетански мост** (м)	kapétanski most
radiokamer (de)	**радио кабина** (ж)	rádio kabína
radiogolf (de)	**талас** (м)	tálas
logboek (het)	**бродски дневник** (м)	bródski dnévnik
verrekijker (de)	**дурбин** (м)	dúrbin
klok (de)	**звоно** (с)	zvóno

vlag (de)	**застава** (ж)	zástava
kabel (de)	**конопац** (м)	kónopac
knoop (de)	**чвор** (м)	čvor
leuning (de)	**рукохват** (м)	rúkohvat
trap (de)	**рампа** (ж)	rámpa
anker (het)	**сидро** (с)	sídro
het anker lichten	**дићи сидро**	díći sídro
het anker neerlaten	**спустити сидро**	spústiti sídro
ankerketting (de)	**сидрени ланац** (м)	sídreni lánac
haven (bijv. containerhaven)	**лука** (ж)	lúka
kaai (de)	**пристаниште** (с)	prístanište
aanleggen (ww)	**пристајати** (нг)	prístajati
wegvaren (ww)	**отпловити** (нг)	otplóviti
reis (de)	**путовање** (с)	putovánje
cruise (de)	**крстарење** (с)	krstárenje
koers (de)	**правац, курс** (м)	právac, kurs
route (de)	**маршрута** (ж)	maršrúta
vaarwater (het)	**пловни пут** (м)	plóvni put
zandbank (de)	**плићак** (м)	plíćak
stranden (ww)	**насукати се**	násukati se
storm (de)	**олуја** (ж)	olúja
signaal (het)	**сигнал** (м)	sígnal
zinken (ov. een boot)	**тонути** (нг)	tónuti
Man overboord!	**Човек у мору!**	Čóvek u móru!
SOS (noodsignaal)	**СОС**	SOS
reddingsboei (de)	**појас** (м) **за спасавање**	pójas za spasávanje

144. Vliegveld

luchthaven (de)	**аеродром** (м)	aeródrom
vliegtuig (het)	**авион** (м)	avíon
luchtvaartmaatschappij (de)	**авио-компанија** (ж)	ávio-kompánija
luchtverkeersleider (de)	**контролор** (м) **лета**	kontrólor léta
vertrek (het)	**полазак** (м)	pólazak
aankomst (de)	**долазак** (м)	dólazak
aankomen (per vliegtuig)	**долетети** (нг)	doléteti
vertrektijd (de)	**време** (с) **поласка**	vréme pólaska
aankomstuur (het)	**време** (с) **доласка**	vréme dólaska
vertraagd zijn (ww)	**каснити** (нг)	kásniti
vluchtvertraging (de)	**кашњење** (с) **лета**	kášnjenje léta
informatiebord (het)	**информативна табла** (ж)	ínformativna tábla
informatie (de)	**информација** (ж)	informácija
aankondigen (ww)	**објављивати** (пг)	objavljívati
vlucht (bijv. KLM ~)	**лет** (м)	let

douane (de)	**царина** (ж)	cárina
douanier (de)	**цариник** (м)	cárinik
douaneaangifte (de)	**царинска декларација** (ж)	cárinska deklarácija
een douaneaangifte invullen	**попунити декларацију**	pópuniti deklaráciju
paspoortcontrole (de)	**пасошка контрола** (ж)	pásoška kontróla
bagage (de)	**пртљаг** (м)	pŕtljag
handbagage (de)	**ручни пртљаг** (м)	rúčni pŕtljag
bagagekarretje (het)	**колица** (мн) **за пртљаг**	kolíca za pŕtljag
landing (de)	**слетање** (с)	slétanje
landingsbaan (de)	**писта** (ж) **за слетање**	písta za slétanje
landen (ww)	**спуштати се**	spúštati se
vliegtuigtrap (de)	**степенице** (мн)	stépenice
inchecken (het)	**регистрација** (ж), **чекирање** (с)	registrácija, čekíranje
incheckbalie (de)	**шалтер** (м) **за чекирање**	šálter za čekíranje
inchecken (ww)	**пријавити се**	prijáviti se
instapkaart (de)	**бординг карта** (ж)	bórding kárta
gate (de)	**излаз** (м)	ízlaz
transit (de)	**транзит** (м)	tránzit
wachten (ww)	**чекати** (нг, пг)	čékati
wachtzaal (de)	**чекаоница** (ж)	čekaónica
begeleiden (uitwuiven)	**пратити** (пг)	prátiti
afscheid nemen (ww)	**опраштати се**	opráštati se

145. Fiets. Motorfiets

fiets (de)	**бицикл** (м)	bicíkl
bromfiets (de)	**скутер** (м)	skúter
motorfiets (de)	**мотоцикл** (м)	motocíkl
met de fiets rijden	**ићи бициклом**	ići bicíklom
stuur (het)	**управљач** (м)	uprávljač
pedaal (de/het)	**педала** (ж)	pedála
remmen (mv.)	**кочнице** (мн)	kóčnice
fietszadel (de/het)	**седло, седиште** (с)	sédlo, sédište
pomp (de)	**пумпа** (ж)	púmpa
bagagedrager (de)	**пак трегер** (м)	pak tréger
fietslicht (het)	**фар** (м)	far
helm (de)	**шлем** (м)	šlem
wiel (het)	**точак** (м)	tóčak
spatbord (het)	**блатобран** (м)	blátobran
velg (de)	**фелга** (ж)	félga
spaak (de)	**жбица** (ж)	žbíca

Auto's

146. Soorten auto's

auto (de)	**ауто, аутомобил** (м)	áuto, automóbil
sportauto (de)	**спортски ауто** (м)	spórtski áuto
limousine (de)	**лимузина** (ж)	limuzína
terreinwagen (de)	**теренско возило** (с)	térensko vózilo
cabriolet (de)	**кабриолет** (м)	kabriólet
minibus (de)	**минибус** (м)	mínibus
ambulance (de)	**хитна помоћ** (ж)	hítna pómoć
sneeuwruimer (de)	**снежни плуг** (м)	snéžni plug
vrachtwagen (de)	**камион** (м)	kamíon
tankwagen (de)	**аутоцистерна** (ж)	autocísterna
bestelwagen (de)	**комби** (м)	kómbi
trekker (de)	**тегљач** (м)	tégljač
aanhangwagen (de)	**приколица** (ж)	príkolica
comfortabel (bn)	**комфоран**	kómforan
tweedehands (bn)	**половни**	pólovni

147. Auto's. Carrosserie

motorkap (de)	**хауба** (ж)	háuba
spatbord (het)	**блатобран** (м)	blátobran
dak (het)	**кров** (м)	krov
voorruit (de)	**шофершајбна** (ж)	šóferšajbna
achterruit (de)	**ретровизор** (м)	retrovízor
ruitensproeier (de)	**прскалица** (ж) **ветробрана**	pŕskalica vétrobrana
wisserbladen (mv.)	**метлице** (мн) **брисача**	métlice brisáča
zijruit (de)	**бочни прозор** (м)	bóčni prózor
raamlift (de)	**подизач** (м) **прозора**	pódizač prózora
antenne (de)	**антена** (ж)	anténa
zonnedak (het)	**отвор** (м) **на крову**	ótvor na króvu
bumper (de)	**браник** (м)	bránik
koffer (de)	**гепек** (м)	gépek
imperiaal (de/het)	**пртљажник** (м)	prtljážnik
portier (het)	**врата** (мн)	vráta
handvat (het)	**квака** (ж)	kváka
slot (het)	**брава** (ж)	bráva
nummerplaat (de)	**регистарска таблица** (ж)	regístarska táblica
knalpot (de)	**пригушивач** (м)	prigúšivač

benzinetank (de)	**резервоар** (м) **за гориво**	rezervóar za górivo
uitlaatpijp (de)	**ауспух** (м)	áuspuh
gas (het)	**гас** (м)	gas
pedaal (de/het)	**педала** (ж)	pedála
gaspedaal (de/het)	**папучица** (ж) **гаса**	pápučica gása
rem (de)	**кочница** (ж)	kóčnica
rempedaal (de/het)	**папучица** (ж) **кочнице**	pápučica kóčnice
remmen (ww)	**кочити** (нг)	kóčiti
handrem (de)	**ручна кочница** (ж)	rúčna kóčnica
koppeling (de)	**квачило** (с)	kváčilo
koppelingspedaal (de/het)	**папучица** (ж) **квачила**	pápučica kváčila
koppelingsschijf (de)	**диск** (м) **квачила**	disk kváčila
schokdemper (de)	**амортизер** (м)	amortízer
wiel (het)	**точак** (м)	tóčak
reservewiel (het)	**резервни точак** (м)	rézervni tóčak
band (de)	**гума** (ж)	gúma
wieldop (de)	**раткапна** (ж)	rátkapna
aandrijfwielen (mv.)	**погонски точкови** (мн)	pógonski tóčkovi
met voorwielaandrijving	**са предњим погоном**	sa prédnjim pógonom
met achterwielaandrijving	**на задњи погон**	na zádnji pógon
met vierwielaandrijving	**с погоном на четири точка**	s pógonom na čétiri tóčka
versnellingsbak (de)	**мењач** (м)	ménjač
automatisch (bn)	**аутоматски**	autómatski
mechanisch (bn)	**механички**	mehánički
versnellingspook (de)	**мењач** (м)	ménjač
voorlicht (het)	**светло** (с), **фар** (м)	svétlo, far
voorlichten (mv.)	**фарови** (мн)	fárovi
dimlicht (het)	**кратка светла** (мн)	krátka svétla
grootlicht (het)	**дуга светла** (мн)	dúga svétla
stoplicht (het)	**стоп светло** (с)	stop svétlo
standlichten (mv.)	**паркинг светла** (мн)	párking svétla
noodverlichting (de)	**четири жмигавца** (мн)	čétiri žmígavca
mistlichten (mv.)	**светла** (мн) **за маглу**	svétla za máglu
pinker (de)	**мигавац** (м)	mígavac
achteruitrijdlicht (het)	**рикверц светло** (с)	ríkverc svétlo

148. Auto's. Passagiersruimte

interieur (het)	**унутрашњост** (ж)	únutrašnjost
leren (van leer gemaak)	**кожни**	kóžni
fluwelen (abn)	**из велура**	iz velúra
bekleding (de)	**тапацирунг** (м)	tapacírung
toestel (het)	**инструмент** (м)	instrúment
instrumentenbord (het)	**инструмент табла** (ж)	instrúment tábla

snelheidsmeter (de)	**брзиномер** (м)	brzínomer
pijltje (het)	**казаљка** (ж)	kázaljka
kilometerteller (de)	**километар сат** (м)	kílometar sat
sensor (de)	**мерач** (м)	mérač
niveau (het)	**ниво** (м)	nívo
controlelampje (het)	**лампица** (ж) **упозорава**	lámpica upozorava
stuur (het)	**волан** (м)	vólan
toeter (de)	**сирена** (ж)	siréna
knopje (het)	**дугме** (с)	dúgme
schakelaar (de)	**прекидач** (м)	prekídač
stoel (bestuurders~)	**седиште** (с)	sédište
rugleuning (de)	**наслон** (м)	náslon
hoofdsteun (de)	**наслон** (м) **за главу**	náslon za glávu
veiligheidsgordel (de)	**сигурносни појас** (м)	sigúrnosni pójas
de gordel aandoen	**везати појас**	vézati pójas
regeling (de)	**подешавање** (с)	podešávanje
airbag (de)	**ваздушни јастук** (м)	vázdušni jástuk
airconditioner (de)	**клима уређај** (м)	klíma úređaj
radio (de)	**радио** (м)	rádio
CD-speler (de)	**ЦД плејер** (м)	CD living plé jer
aanzetten (bijv. radio ~)	**укључити** (пг)	uključiti
antenne (de)	**антена** (ж)	anténa
handschoenenkastje (het)	**претинац** (м)	prétinac
asbak (de)	**пепељара** (ж)	pepéljara

149. Auto's. Motor

motor (de)	**мотор** (м)	mótor
diesel- (abn)	**дизелски**	dízelski
benzine- (~motor)	**бензински**	bénzinski
motorinhoud (de)	**запремина** (ж) **мотора**	zápremina mótora
vermogen (het)	**снага** (ж)	snága
paardenkracht (de)	**коњска снага** (ж)	kónjska snága
zuiger (de)	**клип** (м)	klip
cilinder (de)	**цилиндар** (м)	cilíndar
klep (de)	**вентил** (м)	véntil
injectie (de)	**ињектор** (м)	ínjektor
generator (de)	**генератор** (м)	genérator
carburator (de)	**карбуратор** (м)	karburator
motorolie (de)	**моторно уље** (с)	mótorno úlje
radiator (de)	**хладњак** (м)	hládnjak
koelvloeistof (de)	**течност** (ж) **за хлађење**	téčnost za hláđenje
ventilator (de)	**вентилатор** (м)	ventílator
accu (de)	**акумулатор** (м)	akumúlator
starter (de)	**стартер** (м)	stárter

contact (ontsteking)	**паљење** (с)	páljenje
bougie (de)	**свећица** (ж)	svéćica
pool (de)	**клема** (ж)	kléma
positieve pool (de)	**плус** (м)	plus
negatieve pool (de)	**минус** (м)	mínus
zekering (de)	**осигурач** (м)	osigúrač
luchtfilter (de)	**ваздушни филтер** (м)	vázdušni fílter
oliefilter (de)	**филтер** (м) **за уље**	fílter za úlje
benzinefilter (de)	**филтер** (м) **за гориво**	fílter za górivo

150. Auto's. Botsing. Reparatie

auto-ongeval (het)	**саобраћајка** (ж)	saobraćajka
verkeersongeluk (het)	**саобраћајна несрећа** (ж)	sáobraćajna nésreća
aanrijden (tegen een boom, enz.)	**ударити** (нг)	údariti
verongelukken (ww)	**разбити се**	rázbiti se
beschadiging (de)	**штета** (ж)	štéta
heelhuids (bn)	**нетакнут**	nétaknut
pech (de)	**квар** (м)	kvar
kapot gaan (zijn gebroken)	**покварити се**	pokváriti se
sleeptouw (het)	**уже** (с) **за вучу**	úže za vúču
lek (het)	**рупа, пукнута гума** (ж)	rúpa, púknuta gúma
lekke krijgen (band)	**испумпати се**	ispúmpati se
oppompen (ww)	**пумпати** (пг)	púmpati
druk (de)	**притисак** (м)	prítisak
checken (ww)	**проверити** (пг)	próveriti
reparatie (de)	**поправка** (ж)	pópravka
garage (de)	**ауто сервис** (м)	áuto sérvis
wisselstuk (het)	**резервни део** (м)	rézervni déo
onderdeel (het)	**део** (м)	déo
bout (de)	**завртањ** (м)	závrtanj
schroef (de)	**шраф** (м)	šraf
moer (de)	**навртка** (ж)	návrtka
sluitring (de)	**подлошка** (ж)	pódloška
kogellager (de/het)	**лежај** (м)	léžaj
pijp (de)	**црево** (с)	crévo
pakking (de)	**заптивка** (ж)	záptivka
kabel (de)	**жица** (ж)	žíca
dommekracht (de)	**дизалица** (ж)	dízalica
moersleutel (de)	**матични кључ** (м)	mátični ključ
hamer (de)	**чекић** (м)	čékić
pomp (de)	**пумпа** (ж)	púmpa
schroevendraaier (de)	**шрафцигер** (м)	šráfciger
brandblusser (de)	**противпожарни апарат** (м)	protivpóžarni apárat
gevarendriehoek (de)	**безбедносни троугао** (м)	bezbédnosni tróugao

afslaan (ophouden te werken)	**гасити се**	gásiti se
uitvallen (het)	**гашење** (с)	gášenje
zijn gebroken	**бити покварен**	biti pókvaren
oververhitten (ww)	**прегрејати се**	prégrejati se
verstopt raken (ww)	**зачепити се**	začépiti se
bevriezen (autodeur, enz.)	**смрзнути се**	smŕznuti se
barsten (leidingen, enz.)	**пукнути** (нг)	púknuti
druk (de)	**притисак** (м)	prítisak
niveau (bijv. olieniveau)	**ниво** (м)	nívo
slap (de drijfriem is ~)	**лабав**	lábav
deuk (de)	**удубљење** (с)	udubljénje
geklop (vreemde geluiden)	**лупање** (с)	lúpanje
barst (de)	**пукотина** (ж)	púkotina
kras (de)	**огреботина** (ж)	ogrebótina

151. Auto's. Weg

weg (de)	**пут** (м)	put
snelweg (de)	**брзи пут** (м)	bŕzi put
autoweg (de)	**аутопут** (м)	áutoput
richting (de)	**правац** (м)	právac
afstand (de)	**раздаљина** (ж)	rázdaljina
brug (de)	**мост** (м)	most
parking (de)	**паркиралиште** (с)	parkíralište
plein (het)	**трг** (м)	tŕg
verkeersknooppunt (het)	**петља** (ж)	pétlja
tunnel (de)	**тунел** (м)	túnel
benzinestation (het)	**бензинска станица** (ж)	bénzinska stánica
parking (de)	**паркиралиште** (с)	parkíralište
benzinepomp (de)	**пумпа** (ж)	púmpa
garage (de)	**ауто сервис** (м)	áuto sérvis
tanken (ww)	**напунити** (пг)	nápuniti
brandstof (de)	**гориво** (с)	górivo
jerrycan (de)	**канта** (ж) **за гориво**	kánta za górivo
asfalt (het)	**асфалт** (м)	ásfalt
markering (de)	**ознаке** (мн) **на коловозу**	óznake na kólovozu
trottoirband (de)	**ивичњак** (м)	ívičnjak
geleiderail (de)	**заштитна ограда** (ж)	záštitna ógrada
greppel (de)	**канал** (м)	kánal
vluchtstrook (de)	**ивица** (ж) **пута**	ívica puta
lichtmast (de)	**стуб** (м)	stub
besturen (een auto ~)	**возити** (пг)	vóziti
afslaan (naar rechts ~)	**скретати** (нг)	skrétati
U-bocht maken (ww)	**окренути се**	okrénuti se
achteruit (de)	**рикверц** (м)	ríkverc
toeteren (ww)	**трубити** (нг)	trúbiti

toeter (de)	**звучни сигнал** (м)	zvúčni sígnal
vastzitten (in modder)	**заглавити се**	zagláviti se
spinnen (wielen gaan ~)	**окретати се у месту**	okrétati se u méstu
uitzetten (ww)	**гасити** (пг)	gásiti
snelheid (de)	**брзина** (ж)	brzína
een snelheidsovertreding maken	**прекорачити брзину**	prekoráčiti brzinu
bekeuren (ww)	**кажњавати** (пг)	kažnjávati
verkeerslicht (het)	**семафор** (м)	sémafor
rijbewijs (het)	**возачка дозвола** (ж)	vózačka dózvola
overgang (de)	**пружни прелаз** (м)	prúžni prélaz
kruispunt (het)	**раскрсница** (ж)	ráskrsnica
zebrapad (oversteekplaats)	**пешачки прелаз** (м)	péšački prélaz
bocht (de)	**кривина** (ж)	krivína
voetgangerszone (de)	**пешачка зона** (ж)	péšačka zona

MENSEN. GEBEURTENISSEN IN HET LEVEN

152. Vakanties. Evenement

feest (het)	**празник** (м)	práznik
nationale feestdag (de)	**национални празник** (м)	nacionálni práznik
feestdag (de)	**празничан дан** (м)	prázničan dan
herdenken (ww)	**празновати** (пг)	práznovati
gebeurtenis (de)	**догађај** (м)	dógađaj
evenement (het)	**догађај** (м)	dógađaj
banket (het)	**банкет** (м)	bánket
receptie (de)	**дочек, пријем** (м)	dóček, príjem
feestmaal (het)	**гозба** (ж)	gózba
verjaardag (de)	**годишњица** (ж)	gódišnjica
jubileum (het)	**јубилеј** (м)	jubílej
vieren (ww)	**прославити** (пг)	próslaviti
Nieuwjaar (het)	**Нова година** (ж)	Nóva gódina
Gelukkig Nieuwjaar!	**Срећна Нова година!**	Sréćna Nóva gódina!
Sinterklaas (de)	**Деда Мраз** (м)	Déda Mraz
Kerstfeest (het)	**Божић** (м)	Bóžić
Vrolijk kerstfeest!	**Срећан Божић!**	Sréćan Bóžić!
kerstboom (de)	**Новогодишња јелка** (ж)	Novogódišnja jélka
vuurwerk (het)	**ватромет** (м)	vátromet
bruiloft (de)	**свадба** (ж)	svádba
bruidegom (de)	**младожења** (м)	mladóženja
bruid (de)	**млада, невеста** (ж)	mláda, névesta
uitnodigen (ww)	**позивати** (пг)	pozívati
uitnodigingskaart (de)	**позивница** (ж)	pózivnica
gast (de)	**гост** (м)	gost
op bezoek gaan	**ићи у госте**	íći u góste
gasten verwelkomen	**дочекивати госте**	dočekívati góste
geschenk, cadeau (het)	**поклон** (м)	póklon
geven (iets cadeau ~)	**поклањати** (пг)	póklanjati
geschenken ontvangen	**добијати поклоне**	dóbijati póklone
boeket (het)	**букет** (м)	búket
felicitaties (mv.)	**честитка** (ж)	čestitka
feliciteren (ww)	**честитати** (пг)	čestítati
wenskaart (de)	**честитка** (ж)	čestitka
een kaartje versturen	**послати честитку**	póslati čestitku
een kaartje ontvangen	**добити честитку**	dóbiti čestitku

toast (de)	**здравица** (ж)	zdrávica
aanbieden (een drankje ~)	**нудити** (пг)	núditi
champagne (de)	**шампањац** (м)	šampánjac
plezier hebben (ww)	**веселити се**	veséliti se
plezier (het)	**весеље** (с)	vesélje
vreugde (de)	**радост** (ж)	rádost
dans (de)	**плес** (м)	ples
dansen (ww)	**играти, плесати** (нг)	ígrati, plésati
wals (de)	**валцер** (м)	válcer
tango (de)	**танго** (м)	tángo

153. Begrafenissen. Begrafenis

kerkhof (het)	**гробље** (с)	gróblje
graf (het)	**гроб** (м)	grob
kruis (het)	**крст** (м)	kŕst
grafsteen (de)	**надгробни споменик** (м)	nádgrobni spómenik
omheining (de)	**ограда** (ж)	ógrada
kapel (de)	**капела** (ж)	kapéla
dood (de)	**смрт** (ж)	smŕt
sterven (ww)	**умрети** (нг)	úmreti
overledene (de)	**покојник** (м)	pókojnik
rouw (de)	**жалост** (ж)	žálost
begraven (ww)	**сахрањивати** (пг)	sahranjívati
begrafenisonderneming (de)	**погребно предузеће** (с)	pógrebno preduzéće
begrafenis (de)	**сахрана** (ж)	sáhrana
krans (de)	**венац** (м)	vénac
doodskist (de)	**ковчег** (м)	kóvčeg
lijkwagen (de)	**погребна кола** (ж)	pógrebna kóla
lijkkleed (de)	**мртвачки покров** (м)	mŕtvački pókrov
begrafenisstoet (de)	**погребна поворка** (ж)	pógrebna póvorka
urn (de)	**погребна урна** (ж)	pógrebna úrna
crematorium (het)	**крематоријум** (м)	krematórijum
overlijdensbericht (het)	**читуља** (ж)	čítulja
huilen (wenen)	**плакати** (нг)	plákati
snikken (huilen)	**јецати** (пг)	jécati

154. Oorlog. Soldaten

peloton (het)	**вод** (м)	vod
compagnie (de)	**чета** (ж)	četa
regiment (het)	**пук** (м)	púk
leger (armee)	**армија** (ж)	ármija
divisie (de)	**дивизија** (ж)	divízija

sectie (de)	**одред** (м)	ódred
troep (de)	**војска** (ж)	vójska
soldaat (militair)	**војник** (м)	vójnik
officier (de)	**официр** (м)	ofícir
soldaat (rang)	**редов** (м)	rédov
sergeant (de)	**наредник** (м)	nárednik
luitenant (de)	**поручник** (м)	póručnik
kapitein (de)	**капетан** (м)	kapétan
majoor (de)	**мајор** (м)	májor
kolonel (de)	**пуковник** (м)	púkovnik
generaal (de)	**генерал** (м)	genéral
matroos (de)	**поморац, морнар** (м)	pómorac, mórnar
kapitein (de)	**капетан** (м)	kapétan
bootsman (de)	**вођа** (м) **палубе**	vóđa pálube
artillerist (de)	**артиљерац** (м)	artiljérac
valschermjager (de)	**падобранац** (м)	pádobranac
piloot (de)	**пилот** (м)	pílot
stuurman (de)	**навигатор** (м)	navígator
mecanicien (de)	**механичар** (м)	meháničar
sappeur (de)	**деминер** (м)	demíner
parachutist (de)	**падобранац** (м)	pádobranac
verkenner (de)	**извиђач** (м)	izvíđač
scherpschutter (de)	**снајпер** (м)	snájper
patrouille (de)	**патрола** (ж)	patróla
patrouilleren (ww)	**патролирати** (нг, пг)	patrolírati
wacht (de)	**стражар** (м)	strážar
krijger (de)	**војник** (м)	vójnik
patriot (de)	**патриота** (м)	patrióta
held (de)	**јунак** (м)	júnak
heldin (de)	**јунакиња** (ж)	junákinja
verrader (de)	**издајник** (м)	ízdajnik
verraden (ww)	**издавати** (пг)	izdávati
deserteur (de)	**дезертер** (м)	dezérter
deserteren (ww)	**дезертирати** (нг)	dezertírati
huurling (de)	**најамник** (м)	nájamnik
rekruut (de)	**регрут** (м)	régrut
vrijwilliger (de)	**добровољац** (м)	dobrovóljac
gedode (de)	**убијен** (м)	úbijen
gewonde (de)	**рањеник** (м)	ránjenik
krijgsgevangene (de)	**заробљеник** (м)	zarobljénik

155. Oorlog. Militaire acties. Deel 1

oorlog (de)	**рат** (м)	rat
oorlog voeren (ww)	**ратовати** (нг)	rátovati

burgeroorlog (de)	**грађански рат** (м)	grấđanski rat
achterbaks (bw)	**подмукло**	pódmuklo
oorlogsverklaring (de)	**објава** (ж) **рата**	óbjava rata
verklaren (de oorlog ~)	**објавити** (пг)	objáviti
agressie (de)	**агресија** (ж)	agrésija
aanvallen (binnenvallen)	**нападати** (нг)	nápadati
binnenvallen (ww)	**инвадирати, окупирати** (пг)	invadírati, okupírati
invaller (de)	**освајач** (м)	osvájač
veroveraar (de)	**освајач** (м)	osvájač
verdediging (de)	**одбрана** (ж)	ódbrana
verdedigen (je land ~)	**бранити** (пг)	brániti
zich verdedigen (ww)	**бранити се**	brániti se
vijand (de)	**непријатељ** (м)	néprijatelj
tegenstander (de)	**противник** (м)	prótivnik
vijandelijk (bn)	**непријатељски**	neprijatéljski
strategie (de)	**стратегија** (ж)	strátegija
tactiek (de)	**тактика** (ж)	táktika
order (de)	**наредба** (ж)	náredba
bevel (het)	**команда** (ж)	kómanda
bevelen (ww)	**наређивати** (пг)	naređívati
opdracht (de)	**задатак** (м)	zadátak
geheim (bn)	**тајни**	tájni
slag (de)	**битка** (ж)	bítka
veldslag (de)	**борба** (ж)	bórba
strijd (de)	**бој, битка** (ж)	boj, bítka
aanval (de)	**напад** (м)	nápad
bestorming (de)	**јуриш** (м)	júriš
bestormen (ww)	**јуришати** (пг)	jurísati
bezetting (de)	**опсада** (ж)	ópsada
aanval (de)	**офанзива** (ж)	ofanzíva
in het offensief te gaan	**прећи у напад**	préći u nápad
terugtrekking (de)	**повлачење** (с)	povlačénje
zich terugtrekken (ww)	**одступати** (нг)	odstúpati
omsingeling (de)	**опкољавање** (с)	opkoljávanje
omsingelen (ww)	**опкољавати** (пг)	opkoljávati
bombardement (het)	**бомбардовање** (с)	bómbardovanje
een bom gooien	**избацити бомбу**	izbáciti bómbu
bombarderen (ww)	**бомбардовати** (пг)	bómbardovati
ontploffing (de)	**експлозија** (ж)	eksplózija
schot (het)	**пуцањ** (м)	púcanj
een schot lossen	**пуцати** (нг)	púcati
schieten (het)	**пуцање** (с)	púcanje
mikken op (ww)	**циљати** (пг)	cíljati
aanleggen (een wapen ~)	**уперити** (пг)	upériti

treffen (doelwit ~)	**погодити** (пг)	pogóditi
zinken (tot zinken brengen)	**потопити** (пг)	potópiti
kogelgat (het)	**рупа** (ж)	rúpa
zinken (gezonken zijn)	**тонути** (нг)	tónuti
front (het)	**фронт** (м)	front
evacuatie (de)	**евакуација** (ж)	evakuácija
evacueren (ww)	**евакуисати** (пг)	evakuísati
loopgraaf (de)	**ров** (м)	rov
prikkeldraad (de)	**бодљикава жица** (ж)	bódljikava žíca
verdedigingsobstakel (het)	**препрека** (ж)	prépreka
wachttoren (de)	**осматрачница** (ж)	osmátračnica
hospitaal (het)	**војна болница** (ж)	vójna bólnica
verwonden (ww)	**ранити** (пг)	ràniti
wond (de)	**рана** (ж)	rána
gewonde (de)	**рањеник** (м)	ránjenik
gewond raken (ww)	**бити рањен**	bíti ránjen
ernstig (~e wond)	**озбиљан**	ózbiljan

156. Wapens

wapens (mv.)	**оружје** (с)	óružje
vuurwapens (mv.)	**ватрено оружје** (с)	vátreno óružje
koude wapens (mv.)	**хладно оружје** (с)	hládno oružje
chemische wapens (mv.)	**хемијско оружје** (с)	hémijsko óružje
kern-, nucleair (bn)	**нуклеарни**	núklearni
kernwapens (mv.)	**нуклеарно оружје** (с)	núklearno óružje
bom (de)	**бомба** (ж)	bómba
atoombom (de)	**атомска бомба** (ж)	átomska bómba
pistool (het)	**пиштољ** (м)	píštolj
geweer (het)	**пушка** (ж)	púška
machinepistool (het)	**аутомат** (м)	autómat
machinegeweer (het)	**митраљез** (м)	mitráljez
loop (schietbuis)	**грло** (с)	gȓlo
loop (bijv. geweer met kortere ~)	**цев** (ж)	cev
kaliber (het)	**калибар** (м)	kalíbar
trekker (de)	**окидач** (м)	okídač
korrel (de)	**нишан** (м)	níšan
magazijn (het)	**шаржер** (м)	šáržer
geweerkolf (de)	**кундак** (м)	kúndak
granaat (handgranaat)	**граната** (ж)	granáta
explosieven (mv.)	**експлозив** (м)	eksplóziv
kogel (de)	**пројектил** (м)	projéktil
patroon (de)	**метак** (м)	métak

lading (de)	**набој** (м)	náboj
ammunitie (de)	**муниција** (ж)	munícija
bommenwerper (de)	**бомбардер** (м)	bombárder
straaljager (de)	**ловачки авион** (м)	lóvački avíon
helikopter (de)	**хеликоптер** (м)	helikópter
afweergeschut (het)	**против авионски топ** (м)	prótiv avíonski top
tank (de)	**тенк** (м)	tenk
kanon (tank met een ~ van 76 mm)	**топ** (м)	top
artillerie (de)	**артиљерија** (ж)	artiljérija
kanon (het)	**топ** (м)	top
aanleggen (een wapen ~)	**уперити** (пг)	upériti
projectiel (het)	**пројектил** (м)	projéktil
mortiergranaat (de)	**минобацачка мина** (ж)	minobácačka mína
mortier (de)	**минобацач** (м)	minobácač
granaatscherf (de)	**комадић** (м)	komádić
duikboot (de)	**подморница** (ж)	pódmornica
torpedo (de)	**торпедо** (м)	torpédo
raket (de)	**ракета** (ж)	rakéta
laden (geweer, kanon)	**пунити** (пг)	púniti
schieten (ww)	**пуцати** (нг)	púcati
richten op (mikken)	**циљати** (пг)	cíljati
bajonet (de)	**бајонет** (м)	bajónet
degen (de)	**мач** (м)	mač
sabel (de)	**сабља** (ж)	sáblja
speer (de)	**копље** (с)	kóplje
boog (de)	**лук** (м)	luk
pijl (de)	**стрела** (ж)	stréla
musket (de)	**мускета** (ж)	músketa
kruisboog (de)	**самострел** (м)	sámostrel

157. Oude mensen

primitief (bn)	**првобитни**	pȑvobitni
voorhistorisch (bn)	**праисторијски**	praistórijski
eeuwenoude (~ beschaving)	**древни**	drévni
Steentijd (de)	**Камено доба** (с)	Kámeno dóba
Bronstijd (de)	**Бронзано доба** (с)	Brónzano dóba
IJstijd (de)	**Ледено доба** (с)	Lédeno dóba
stam (de)	**племе** (с)	pléme
menseneter (de)	**људождер** (м)	ljudóžder
jager (de)	**ловац** (м)	lóvac
jagen (ww)	**ловити** (пг)	lóviti
mammoet (de)	**мамут** (м)	mámut
grot (de)	**пећина** (ж)	péćina

vuur (het)	**ватра** (ж)	vátra
kampvuur (het)	**логорска ватра** (ж)	lógorska vátra
rotstekening (de)	**пећинска слика** (ж)	péćinska slíka
werkinstrument (het)	**алат** (м)	álat
speer (de)	**копље** (с)	kóplje
stenen bijl (de)	**камена секира** (ж)	kámena sékira
oorlog voeren (ww)	**ратовати** (нг)	rátovati
temmen (bijv. wolf ~)	**припитомљивати** (пг)	pripitomljívati
idool (het)	**идол** (м)	ídol
aanbidden (ww)	**обожавати** (пг)	obožávati
bijgeloof (het)	**сујеверје** (с)	sújeverje
ritueel (het)	**обред** (м)	óbred
evolutie (de)	**еволуција** (ж)	evolúcija
ontwikkeling (de)	**развој** (м)	rázvoj
verdwijning (de)	**нестанак** (м)	néstanak
zich aanpassen (ww)	**прилагођавати се**	prilagođávati se
archeologie (de)	**археологија** (ж)	arheológija
archeoloog (de)	**археолог** (м)	arheólog
archeologisch (bn)	**археолошки**	arheólоški
opgravingsplaats (de)	**археолошко налазиште** (с)	arheóloško nálazište
opgravingen (mv.)	**ископине** (мн)	ískopine
vondst (de)	**налаз** (м)	nálaz
fragment (het)	**фрагмент** (м)	frágment

158. Middeleeuwen

volk (het)	**народ** (м)	národ
volkeren (mv.)	**народи** (мн)	národi
stam (de)	**племе** (с)	pléme
stammen (mv.)	**племена** (мн)	plemena
barbaren (mv.)	**Варвари** (мн)	Várvari
Galliërs (mv.)	**Гали** (мн)	Gáli
Goten (mv.)	**Готи** (мн)	Góti
Slaven (mv.)	**Славени** (мн)	Slavéni
Vikings (mv.)	**Викинзи** (мн)	Víkinzi
Romeinen (mv.)	**Римљани** (мн)	Rímljani
Romeins (bn)	**римски**	rímski
Byzantijnen (mv.)	**Византијци** (мн)	Vizántijci
Byzantium (het)	**Византија** (ж)	Vizántija
Byzantijns (bn)	**византијски**	vizántijski
keizer (bijv. Romeinse ~)	**император** (м)	imperátor
opperhoofd (het)	**вођа, поглавица** (м)	vóđa, póglavica
machtig (bn)	**моћан**	móćan
koning (de)	**краљ** (м)	kralj
heerser (de)	**владар** (м)	vládar

ridder (de)	**витез** (м)	vítez
feodaal (de)	**феудалац** (м)	feudálac
feodaal (bn)	**феудалан**	féudalan
vazal (de)	**вазал** (м)	vázal
hertog (de)	**војвода** (м)	vójvoda
graaf (de)	**гроф** (м)	grof
baron (de)	**барон** (м)	báron
bisschop (de)	**епископ** (м)	épiskop
harnas (het)	**оклоп** (м)	óklop
schild (het)	**штит** (м)	štit
zwaard (het)	**мач** (м)	mač
vizier (het)	**визир** (м)	vízir
maliënkolder (de)	**панцирна кошуља** (ж)	páncirna kóšulja
kruistocht (de)	**крсташки рат** (м)	kŕstaški rat
kruisvaarder (de)	**крсташ** (м)	kŕstaš
gebied (bijv. bezette ~en)	**територија** (ж)	teritórija
aanvallen (binnenvallen)	**нападати** (нг)	nápadati
veroveren (ww)	**освојити** (пг)	osvójiti
innemen (binnenvallen)	**окупирати** (пг)	okupírati
bezetting (de)	**опсада** (ж)	ópsada
belegerd (bn)	**опсађени**	ópsađeni
belegeren (ww)	**опколити** (пг)	opkóliti
inquisitie (de)	**инквизиција** (ж)	inkvizícija
inquisiteur (de)	**инквизитор** (м)	inkvízitor
foltering (de)	**тортура** (ж)	tortúra
wreed (bn)	**окрутан**	ókrutan
ketter (de)	**јеретик** (м)	jéretik
ketterij (de)	**јерес** (ж)	jéres
zeevaart (de)	**морепловство** (с)	moreplóvstvo
piraat (de)	**гусар** (м)	gúsar
piraterij (de)	**гусарство** (с)	gúsarstvo
enteren (het)	**укрцај** (м), **укрцавање** (с)	úkrcaj, ukrcávanje
buit (de)	**плен** (м)	plen
schatten (mv.)	**благо** (с)	blágo
ontdekking (de)	**откриће** (с)	otkríće
ontdekken (bijv. nieuw land)	**открити** (пг)	ótkriti
expeditie (de)	**експедиција** (ж)	ekspedícija
musketier (de)	**мускетар** (м)	músketar
kardinaal (de)	**кардинал** (м)	kardínal
heraldiek (de)	**хералдика** (ж)	heráldika
heraldisch (bn)	**хералдички**	heráldički

159. Leider. Baas. Autoriteiten

koning (de)	**краљ** (м)	kralj
koningin (de)	**краљица** (ж)	králjica

koninklijk (bn)	**краљевски**	králjevski
koninkrijk (het)	**краљевина** (ж)	králjevina
prins (de)	**принц** (м)	princ
prinses (de)	**принцеза** (ж)	princéza
president (de)	**председник** (м)	prédsednik
vicepresident (de)	**потпредседник** (м)	potprédsednik
senator (de)	**сенатор** (м)	sénator
monarch (de)	**монарх** (м)	mónarh
heerser (de)	**владар** (м)	vládar
dictator (de)	**диктатор** (м)	diktátor
tiran (de)	**тиранин** (м)	tíranin
magnaat (de)	**магнат** (м)	mágnat
directeur (de)	**директор** (м)	dírektor
chef (de)	**шеф** (м)	šef
beheerder (de)	**менаџер** (м)	ménadžer
baas (de)	**газда** (м)	gázda
eigenaar (de)	**власник** (м)	vlásnik
leider (de)	**вођа, лидер** (м)	vóđa, líder
hoofd (bijv. ~ van de delegatie)	**глава** (ж)	gláva
autoriteiten (mv.)	**власти** (мн)	vlásti
superieuren (mv.)	**руководство** (с)	rúkovodstvo
gouverneur (de)	**гувернер** (м)	guvérner
consul (de)	**конзул** (м)	kónzul
diplomaat (de)	**дипломат** (м)	diplómat
burgemeester (de)	**градоначелник** (м)	gradonáčelnik
sheriff (de)	**шериф** (м)	šérif
keizer (bijv. Romeinse ~)	**император** (м)	imperátor
tsaar (de)	**цар** (м)	car
farao (de)	**фараон** (м)	faráon
kan (de)	**кан** (м)	kan

160. De wet overtreden. Criminelen. Deel 1

bandiet (de)	**бандит** (м)	bándit
misdaad (de)	**злочин** (м)	zlóčin
misdadiger (de)	**злочинац** (м)	zlóčinac
dief (de)	**лопов** (м)	lópov
stelen (ww)	**красти** (нг, пг)	krásti
stelen (de)	**крађа** (ж)	kráđa
diefstal (de)	**крађа** (ж)	kráđa
kidnappen (ww)	**киднаповати** (пг)	kidnapóvati
kidnapping (de)	**отмица** (ж), **киднаповање** (с)	ótmica, kidnapovanje
kidnapper (de)	**киднапер** (м)	kidnáper

losgeld (het)	**откуп** (м)	ótkup
eisen losgeld (ww)	**тражити откуп**	trážiti ótkup
overvallen (ww)	**пљачкати** (пг)	pljáčkati
overval (de)	**пљачка** (ж)	pljáčka
overvaller (de)	**пљачкаш** (м)	pljáčkaš
afpersen (ww)	**уцењивати** (пг)	ucenjívati
afperser (de)	**изнуђивач** (м)	iznuđívač
afpersing (de)	**изнуђивање** (с)	iznuđívanje
vermoorden (ww)	**убити** (пг)	úbiti
moord (de)	**убиство** (с)	úbistvo
moordenaar (de)	**убица** (м)	úbica
schot (het)	**пуцањ** (м)	púcanj
een schot lossen	**пуцати** (нг)	púcati
neerschieten (ww)	**устрелити** (пг)	ustréliti
schieten (ww)	**пуцати** (нг)	púcati
schieten (het)	**пуцњава** (ж)	púcnjava
ongeluk (gevecht, enz.)	**инцидент** (м)	incídent
gevecht (het)	**туча** (ж)	túča
Help!	**Упомоћ! У помоћ!**	Upómoć! U pómoć!
slachtoffer (het)	**жртва** (ж)	žŕtva
beschadigen (ww)	**оштетити** (пг)	óštetiti
schade (de)	**штета** (ж)	štéta
lijk (het)	**леш** (м)	leš
zwaar (~ misdrijf)	**тежак**	téžak
aanvallen (ww)	**нападати** (нг)	nápadati
slaan (iemand ~)	**ударати** (пг)	údarati
in elkaar slaan (toetakelen)	**претући** (пг)	prétući
ontnemen (beroven)	**отети** (пг)	óteti
steken (met een mes)	**избости ножем**	ízbosti nóžem
verminken (ww)	**осакатити** (пг)	osákatiti
verwonden (ww)	**ранити** (пг)	ràniti
chantage (de)	**уцењивање** (с)	ucenjívanje
chanteren (ww)	**уцењивати** (пг)	ucenjívati
chanteur (de)	**уцењивач** (м)	ucenjívač
afpersing (de)	**рекет** (м)	réket
afperser (de)	**рекеташ** (м)	réketaš
gangster (de)	**гангстер** (м)	gángster
maffia (de)	**мафија** (ж)	máfija
kruimeldief (de)	**џепарош** (м)	džéparoš
inbreker (de)	**обијач** (м)	obíjač
smokkelen (het)	**шверц** (м)	šverc
smokkelaar (de)	**кријумчар** (м)	kríjumčar
namaak (de)	**кривотворење** (с)	krivotvórenje
namaken (ww)	**кривотворити** (пг)	krivotvóriti
namaak-, vals (bn)	**лажни**	lážni

161. De wet overtreden. Criminelen. Deel 2

verkrachting (de)	**силовање** (с)	sílovanje
verkrachten (ww)	**силовати** (пг)	sílovati
verkrachter (de)	**силоватељ** (м)	silóvatelj
maniak (de)	**манијак** (м)	mánijak
prostituee (de)	**проститутка** (ж)	próstitutka
prostitutie (de)	**проституција** (ж)	prostitúcija
pooier (de)	**макро** (м)	mákro
drugsverslaafde (de)	**наркоман** (м)	nárkoman
drugshandelaar (de)	**продавац** (м) **дроге**	prodávac dróge
opblazen (ww)	**разнети** (пг)	rázneti
explosie (de)	**експлозија** (ж)	eksplózija
in brand steken (ww)	**запалити** (пг)	zapáliti
brandstichter (de)	**потпаљивач** (м)	potpaljívač
terrorisme (het)	**тероризам** (м)	terorízam
terrorist (de)	**терориста** (м)	terorísta
gijzelaar (de)	**талац** (м)	tálac
bedriegen (ww)	**преварити** (пг)	prévariti
bedrog (het)	**превара** (ж)	prévara
oplichter (de)	**варалица** (м)	váralica
omkopen (ww)	**потплатити** (пг)	potplátiti
omkoperij (de)	**подмићивање** (с)	podmićívanje
smeergeld (het)	**мито** (с)	míto
vergif (het)	**отров** (м)	ótrov
vergiftigen (ww)	**отровати** (пг)	otróvati
vergif innemen (ww)	**отровати се**	otróvati se
zelfmoord (de)	**самоубиство** (с)	samoubístvo
zelfmoordenaar (de)	**самоубица** (м, ж)	samoubíca
bedreigen (bijv. met een pistool)	**претити** (нг)	prétiti
bedreiging (de)	**претња** (ж)	prétnja
een aanslag plegen	**покушавати** (пг)	pokušávati
aanslag (de)	**покушај, атентат** (м)	pókušaj, aténtat
stelen (een auto)	**украсти, отети** (пг)	úkrasti, óteti
kapen (een vliegtuig)	**отети** (пг)	óteti
wraak (de)	**освета** (ж)	ósveta
wreken (ww)	**освећивати** (пг)	osvećívati
martelen (gevangenen)	**мучити** (пг)	múčiti
foltering (de)	**тортура** (ж)	tortúra
folteren (ww)	**мучити** (пг)	múčiti
piraat (de)	**гусар** (м)	gúsar
straatschender (de)	**хулиган** (м)	húligan

gewapend (bn)	**наоружан**	náoružan
geweld (het)	**насиље** (с)	násilje
onwettig (strafbaar)	**илегалан**	ílegalan
spionage (de)	**шпијунажа** (ж)	špijunáža
spioneren (ww)	**шпијунирати** (нг)	špijunírati

162. Politie. Wet. Deel 1

justitie (de)	**правосуђе** (с)	právosuđe
gerechtshof (het)	**суд** (м)	sud
rechter (de)	**судија** (м)	súdija
jury (de)	**поротници** (мн)	pórotnici
juryrechtspraak (de)	**суђење** (с) **пред поротом**	súđenje pred pórotom
berechten (ww)	**судити** (нг)	súditi
advocaat (de)	**адвокат** (м)	advókat
beklaagde (de)	**окривљеник** (м)	ókrivljenik
beklaagdenbank (de)	**оптуженичка клупа** (ж)	optužénička klúpa
beschuldiging (de)	**оптужба** (ж)	óptužba
beschuldigde (de)	**оптуженик** (м)	óptuženik
vonnis (het)	**пресуда** (ж)	présuda
veroordelen (in een rechtszaak)	**осудити** (пг)	osúditi
schuldige (de)	**кривац** (м)	krívac
straffen (ww)	**казнити** (пг)	kázniti
bestraffing (de)	**казна** (ж)	kázna
boete (de)	**новчана казна** (ж)	nóvčana kázna
levenslange opsluiting (de)	**доживотна робија** (ж)	dóživotna róbija
doodstraf (de)	**смртна казна** (ж)	smŕtna kázna
elektrische stoel (de)	**електрична столица** (ж)	eléktrična stólica
schavot (het)	**вешала** (мн)	vésala
executeren (ww)	**смакнути** (пг)	smáknuti
executie (de)	**казна** (ж)	kázna
gevangenis (de)	**затвор** (м)	zátvor
cel (de)	**ћелија** (ж)	ćélija
konvooi (het)	**пратња** (ж)	prátnja
gevangenisbewaker (de)	**чувар** (м)	čúvar
gedetineerde (de)	**затвореник** (м)	zatvorénik
handboeien (mv.)	**лисице** (мн)	lísice
handboeien omdoen	**ставити лисице**	stáviti lísice
ontsnapping (de)	**бекство** (с)	békstvo
ontsnappen (ww)	**побећи** (нг)	póbeći
verdwijnen (ww)	**ишчезнути** (нг)	íščeznuti

vrijlaten (uit de gevangenis)	**ослободити** (пг)	oslobóditi
amnestie (de)	**амнестија** (ж)	amnéstija
politie (de)	**полиција** (ж)	polícija
politieagent (de)	**полицајац** (м)	policájac
politiebureau (het)	**полицијска станица** (ж)	polícijska stánica
knuppel (de)	**пендрек** (м)	péndrek
megafoon (de)	**мегафон** (м)	mégafon
patrouilleerwagen (de)	**патролна кола** (ж)	pátrolna kóla
sirene (de)	**сирена** (ж)	siréna
de sirene aansteken	**укључити сирену**	uključiti sirénu
geloei (het) van de sirene	**звук** (м) **сирене**	zvuk siréne
plaats delict (de)	**место** (с) **злочина**	mésto zlóčina
getuige (de)	**сведок** (м)	svédok
vrijheid (de)	**слобода** (ж)	slobóda
handlanger (de)	**саучесник** (м)	sáučesnik
ontvluchten (ww)	**побећи** (нг)	póbeći
spoor (het)	**траг** (м)	trag

163. Politie. Wet. Deel 2

opsporing (de)	**потрага** (ж)	pótraga
opsporen (ww)	**тражити** (пг)	trážiti
verdenking (de)	**сумња** (ж)	súmnja
verdacht (bn)	**сумњив**	súmnjiv
aanhouden (stoppen)	**зауставити** (пг)	zaústaviti
tegenhouden (ww)	**задржати** (пг)	zadŕžati
strafzaak (de)	**кривични предмет** (м)	krívični prédmet
onderzoek (het)	**истрага** (ж)	ístraga
detective (de)	**детектив** (м)	detéktiv
onderzoeksrechter (de)	**истражитељ** (м)	istrážitelj
versie (de)	**верзија** (ж)	vérzija
motief (het)	**мотив** (м)	mótiv
verhoor (het)	**саслушавање** (с)	saslušávanje
ondervragen (door de politie)	**саслушати** (пг)	sáslušati
ondervragen (omstanders ~)	**испитивати** (пг)	ispitívati
controle (de)	**провера** (ж)	próvera
razzia (de)	**рација** (ж)	rácija
huiszoeking (de)	**претрес** (м)	prétres
achtervolging (de)	**потера** (ж)	pótera
achtervolgen (ww)	**гонити** (пг)	góniti
opsporen (ww)	**пратити** (пг)	prátiti
arrest (het)	**хапшење** (с)	hápšenje
arresteren (ww)	**ухапсити** (пг)	úhapsiti
vangen, aanhouden (een dief, enz.)	**ухватити** (пг)	úhvatiti
aanhouding (de)	**хватање, хапшење** (с)	hvátanje, hápšenje
document (het)	**документ** (м)	dokúmenat

bewijs (het)	**доказ** (м)	dókaz
bewijzen (ww)	**доказивати** (пг)	dokazívati
voetspoor (het)	**отисак** (м) **стопала**	ótisak stópala
vingerafdrukken (mv.)	**отисци** (мн) **прстију**	ótisci pŕstiju
bewijs (het)	**доказ** (м)	dókaz
alibi (het)	**алиби** (м)	álibi
onschuldig (bn)	**недужан**	nédužan
onrecht (het)	**неправда** (ж)	népravda
onrechtvaardig (bn)	**неправедан**	népravedan
crimineel (bn)	**криминалан**	kríminalan
confisqueren (in beslag nemen)	**конфисковати** (пг)	kónfiskovati
drug (de)	**дрога** (ж)	dróga
wapen (het)	**оружје** (с)	óružje
ontwapenen (ww)	**разоружати** (пг)	razorúžati
bevelen (ww)	**наређивати** (пг)	naređívati
verdwijnen (ww)	**ишчезнути** (нг)	íščeznuti
wet (de)	**закон** (м)	zákon
wettelijk (bn)	**законит**	zákonit
onwettelijk (bn)	**незаконит**	nezákonit
verantwoordelijkheid (de)	**одговорност** (ж)	odgovórnost
verantwoordelijk (bn)	**одговоран**	ódgovoran

NATUUR

De Aarde. Deel 1

164. De kosmische ruimte

kosmos (de)	**свемир** (м)	svémir
kosmisch (bn)	**космички**	kósmički
kosmische ruimte (de)	**свемирски простор** (м)	svémirski próstor
wereld (de)	**свет** (м)	svet
sterrenstelsel (het)	**галаксија** (ж)	galáksija
ster (de)	**звезда** (ж)	zvézda
sterrenbeeld (het)	**сазвежђе** (с)	sázvežđe
planeet (de)	**планета** (ж)	planéta
satelliet (de)	**сателит** (м)	satélit
meteoriet (de)	**метеорит** (м)	meteórit
komeet (de)	**комета** (ж)	kométa
asteroïde (de)	**астероид** (м)	asteróid
baan (de)	**путања, орбита** (ж)	pútanja, órbita
draaien (om de zon, enz.)	**окретати се**	okrétati se
atmosfeer (de)	**атмосфера** (ж)	atmosféra
Zon (de)	**Сунце** (с)	Súnce
zonnestelsel (het)	**Сунчев систем** (м)	Súnčev sístem
zonsverduistering (de)	**Помрачење** (с) **Сунца**	Pomračénje Súnca
Aarde (de)	**Земља** (ж)	Zémlja
Maan (de)	**Месец** (м)	Mésec
Mars (de)	**Марс** (м)	Mars
Venus (de)	**Венера** (ж)	Venéra
Jupiter (de)	**Јупитер** (м)	Júpiter
Saturnus (de)	**Сатурн** (м)	Sáturn
Mercurius (de)	**Меркур** (м)	Mérkur
Uranus (de)	**Уран** (м)	Uran
Neptunus (de)	**Нептун** (м)	Néptun
Pluto (de)	**Плутон** (м)	Plúton
Melkweg (de)	**Млечни пут** (м)	Mléčni put
Grote Beer (de)	**Велики медвед** (м)	Véliki médved
Poolster (de)	**Северњача** (ж)	Sevérnjača
marsmannetje (het)	**марсовац** (м)	marsóvac
buitenaards wezen (het)	**ванземаљац** (м)	vanzemáljac

bovenaards (het)	**свемирац** (м)	svemírac
vliegende schotel (de)	**летећи тањир** (м)	léteći tánjir
ruimtevaartuig (het)	**свемирски брод** (м)	svémirski brod
ruimtestation (het)	**орбитална станица** (ж)	órbitalna stánica
start (de)	**лансирање** (с)	lánsiranje
motor (de)	**мотор** (м)	mótor
straalpijp (de)	**млазница** (ж)	mláznica
brandstof (de)	**гориво** (с)	górivo
cabine (de)	**кабина** (ж)	kabína
antenne (de)	**антена** (ж)	anténa
patrijspoort (de)	**бродски прозор** (м)	bródski prózor
zonnebatterij (de)	**соларни панел** (м)	sólarni pánel
ruimtepak (het)	**скафандар** (м)	skafándar
gewichtloosheid (de)	**бестежинско стање** (с)	béstežinsko stánje
zuurstof (de)	**кисеоник** (м)	kiseónik
koppeling (de)	**пристајање** (с)	prístajanje
koppeling maken	**спајати се** (нг)	spájati se
observatorium (het)	**опсерваторија** (ж)	opservatórija
telescoop (de)	**телескоп** (м)	téleskop
waarnemen (ww)	**посматрати** (нг)	posmátrati
exploreren (ww)	**истраживати** (пг)	istražívati

165. De Aarde

Aarde (de)	**Земља** (ж)	Zémlja
aardbol (de)	**земљина кугла** (ж)	zémljina kúgla
planeet (de)	**планета** (ж)	planéta
atmosfeer (de)	**атмосфера** (ж)	atmosféra
aardrijkskunde (de)	**географија** (ж)	geográfija
natuur (de)	**природа** (ж)	príroda
wereldbol (de)	**глобус** (м)	glóbus
kaart (de)	**мапа** (ж)	mápa
atlas (de)	**атлас** (м)	átlas
Europa (het)	**Европа** (ж)	Evrópa
Azië (het)	**Азија** (ж)	Ázija
Afrika (het)	**Африка** (ж)	Áfrika
Australië (het)	**Аустралија** (ж)	Austrálija
Amerika (het)	**Америка** (ж)	Amérika
Noord-Amerika (het)	**Северна Америка** (ж)	Séverna Amérika
Zuid-Amerika (het)	**Јужна Америка** (ж)	Júžna Amérika
Antarctica (het)	**Антарктик** (м)	Antárktik
Arctis (de)	**Арктик** (м)	Árktik

166. Windrichtingen

noorden (het)	**север** (м)	séver
naar het noorden	**према северу**	préma séveru
in het noorden	**на северу**	na séveru
noordelijk (bn)	**северни**	séverni
zuiden (het)	**југ** (м)	jug
naar het zuiden	**према југу**	préma júgu
in het zuiden	**на југу**	na júgu
zuidelijk (bn)	**јужни**	júžni
westen (het)	**запад** (м)	západ
naar het westen	**према западу**	préma západu
in het westen	**на западу**	na západu
westelijk (bn)	**западни**	západni
oosten (het)	**исток** (м)	ístok
naar het oosten	**према истоку**	préma ístoku
in het oosten	**на истоку**	na ístoku
oostelijk (bn)	**источни**	ístočni

167. Zee. Oceaan

zee (de)	**море** (с)	móre
oceaan (de)	**океан** (м)	okéan
golf (baai)	**залив** (м)	záliv
straat (de)	**мореуз** (м)	móreuz
grond (vaste grond)	**копно** (с)	kópno
continent (het)	**континент** (м)	kontínent
eiland (het)	**острво** (с)	óstrvo
schiereiland (het)	**полуострво** (с)	poluóstrvo
archipel (de)	**архипелаг** (м)	arhipélag
baai, bocht (de)	**залив** (м)	záliv
haven (de)	**лука** (ж)	lúka
lagune (de)	**лагуна** (ж)	lagúna
kaap (de)	**рт** (м)	ŕt
atol (de)	**атол** (м)	átol
rif (het)	**гребен** (м)	grében
koraal (het)	**корал** (м)	kóral
koraalrif (het)	**корални гребен** (м)	kóralni grében
diep (bn)	**дубок**	dúbok
diepte (de)	**дубина** (ж)	dubína
diepzee (de)	**бездан** (м)	bézdan
trog (bijv. Marianentrog)	**ров** (м)	rov
stroming (de)	**струја** (ж)	strúja
omspoelen (ww)	**окруживати** (пг)	okružívati
oever (de)	**обала** (ж)	óbala

kust (de)	**обала** (ж)	óbala
vloed (de)	**плима** (ж)	plíma
eb (de)	**осека** (ж)	óseka
ondiepte (ondiep water)	**плићак** (м)	plíćak
bodem (de)	**дно** (с)	dno
golf (hoge ~)	**талас** (м)	tálas
golfkam (de)	**гребен** (м) **таласа**	grében talasá
schuim (het)	**пена** (ж)	péna
orkaan (de)	**ураган** (м)	úragan
tsunami (de)	**цунами** (м)	cunámi
windstilte (de)	**безветрица** (ж)	bézvetrica
kalm (bijv. ~e zee)	**миран**	míran
pool (de)	**пол** (м)	pol
polair (bn)	**поларни**	pólarni
breedtegraad (de)	**ширина** (ж)	širína
lengtegraad (de)	**дужина** (ж)	dužína
parallel (de)	**паралела** (ж)	paraléla
evenaar (de)	**екватор** (м)	ékvator
hemel (de)	**небо** (с)	nébo
horizon (de)	**хоризонт** (м)	horízont
lucht (de)	**ваздух** (м)	vázduh
vuurtoren (de)	**светионик** (м)	svetiónik
duiken (ww)	**ронити** (нг)	róniti
zinken (ov. een boot)	**потонути** (нг)	potónuti
schatten (mv.)	**благо** (с)	blágo

168. Bergen

berg (de)	**планина** (ж)	planína
bergketen (de)	**планински венац** (м)	pláninski vénac
gebergte (het)	**планински гребен** (м)	pláninski grében
bergtop (de)	**врх** (м)	vŕh
bergpiek (de)	**планиски врх** (м)	plániski vŕh
voet (ov. de berg)	**подножје** (с)	pódnožje
helling (de)	**нагиб** (м), **падина** (ж)	nágib, pádina
vulkaan (de)	**вулкан** (м)	vúlkan
actieve vulkaan (de)	**активни вулкан** (м)	áktivni vúlkan
uitgedoofde vulkaan (de)	**угашени вулкан** (м)	úgašeni vúlkan
uitbarsting (de)	**ерупција** (ж)	erúpcija
krater (de)	**кратер** (м)	kráter
magma (het)	**магма** (ж)	mágma
lava (de)	**лава** (ж)	láva
gloeiend (~e lava)	**врућ**	vruć
kloof (canyon)	**кањон** (м)	kánjon
bergkloof (de)	**клисура** (ж)	klisúra

spleet (de)	**пукотина** (ж)	púkotina
afgrond (de)	**амбис, понор** (м)	ámbis, pónor
bergpas (de)	**превој** (м)	prévoj
plateau (het)	**висораван** (ж)	vísoravan
klip (de)	**литица** (ж)	lítica
heuvel (de)	**брег** (м)	breg
gletsjer (de)	**леденик** (м)	ledénik
waterval (de)	**водопад** (м)	vódopad
geiser (de)	**гејзер** (м)	géjzer
meer (het)	**језеро** (с)	jézero
vlakte (de)	**равница** (ж)	ravníca
landschap (het)	**пејзаж** (м)	péjzaž
echo (de)	**одјек** (м)	ódjek
alpinist (de)	**планинар** (м)	planínar
bergbeklimmer (de)	**алпиниста** (м)	alpinísta
trotseren (berg ~)	**освајати** (пг)	osvájati
beklimming (de)	**пењање** (с)	pénjanje

169. Rivieren

rivier (de)	**река** (ж)	réka
bron (~ van een rivier)	**извор** (м)	ízvor
rivierbedding (de)	**корито** (с)	kórito
rivierbekken (het)	**слив** (м)	sliv
uitmonden in ...	**уливати се**	ulívati se
zijrivier (de)	**притока** (ж)	prítoka
oever (de)	**обала** (ж)	óbala
stroming (de)	**ток** (м)	tok
stroomafwaarts (bw)	**низводно**	nízvodno
stroomopwaarts (bw)	**узводно**	úzvodno
overstroming (de)	**поплава** (ж)	póplava
overstroming (de)	**поводањ** (м)	póvodanj
buiten zijn oevers treden	**изливати се**	izlívati se
overstromen (ww)	**преплавити** (пг)	prepláviti
zandbank (de)	**плићак** (м)	plíćak
stroomversnelling (de)	**брзак** (м)	bŕzak
dam (de)	**брана** (ж)	brána
kanaal (het)	**канал** (м)	kánal
spaarbekken (het)	**вештачко језеро** (с)	véštačko jézero
sluis (de)	**преводница** (ж)	prévodnica
waterlichaam (het)	**резервоар** (м)	rezervóar
moeras (het)	**мочвара** (ж)	móčvara
broek (het)	**баруштина** (ж)	báruština
draaikolk (de)	**вртлог** (м)	vŕtlog

stroom (de)	**поток** (м)	pótok
drink- (abn)	**питка**	pítka
zoet (~ water)	**слатка**	slátka
ijs (het)	**лед** (м)	led
bevriezen (rivier, enz.)	**смрзнути се**	smŕznuti se

170. Bos

bos (het)	**шума** (ж)	šúma
bos- (abn)	**шумски**	šúmski
oerwoud (dicht bos)	**честар** (м)	čéstar
bosje (klein bos)	**шумарак** (м)	šumárak
open plek (de)	**пропланак** (м)	próplanak
struikgewas (het)	**шипраг** (м), **шикара** (ж)	šíprag, šíkara
struiken (mv.)	**жбуње** (с)	žbúnje
paadje (het)	**стаза** (ж)	stáza
ravijn (het)	**јаруга** (ж)	járuga
boom (de)	**дрво** (с)	dŕvo
blad (het)	**лист** (м)	list
gebladerte (het)	**лишће** (с)	líšće
vallende bladeren (mv.)	**листопад** (м)	lístopad
vallen (ov. de bladeren)	**опадати** (нг)	ópadati
boomtop (de)	**врх** (м)	vŕh
tak (de)	**грана** (ж)	grána
ent (de)	**грана** (ж)	grána
knop (de)	**пупољак** (м)	púpoljak
naald (de)	**иглица** (ж)	íglica
dennenappel (de)	**шишарка** (ж)	šíšarka
boom holte (de)	**дупља** (ж)	dúplja
nest (het)	**гнездо** (с)	gnézdo
hol (het)	**јазбина, рупа** (ж)	jázbina, rúpa
stam (de)	**стабло** (с)	stáblo
wortel (bijv. boom~s)	**корен** (м)	kóren
schors (de)	**кора** (ж)	kóra
mos (het)	**маховина** (ж)	máhovina
ontwortelen (een boom)	**крчити** (пг)	kŕčiti
kappen (een boom ~)	**сећи** (пг)	séći
ontbossen (ww)	**крчити шуму**	krčiti šúmu
stronk (de)	**пањ** (м)	panj
kampvuur (het)	**логорска ватра** (ж)	lógorska vátra
bosbrand (de)	**шумски пожар** (м)	šúmski póžar
blussen (ww)	**гасити** (пг)	gásiti
boswachter (de)	**шумар** (м)	šúmar

bescherming (de)	**заштита** (ж)	záštita
beschermen (bijv. de natuur ~)	**штитити** (пг)	štítiti
stroper (de)	**ловокрадица** (м)	lovokrádica
val (de)	**замка** (ж)	zámka
plukken (vruchten, enz.)	**брати** (пг)	bráti
verdwalen (de weg kwijt zijn)	**залутати** (нг)	zalútati

171. Natuurlijke hulpbronnen

natuurlijke rijkdommen (mv.)	**природна богатства** (мн)	prírodna bógatstva
delfstoffen (mv.)	**рудна богатства** (мн)	rúdna bógatstva
lagen (mv.)	**лежишта** (мн)	léžišta
veld (bijv. olie~)	**налазиште** (с)	nálazište
winnen (uit erts ~)	**добијати** (пг)	dobíjati
winning (de)	**добијање** (с)	dobíjanje
erts (het)	**руда** (ж)	rúda
mijn (bijv. kolenmijn)	**рудник** (м)	rúdnik
mijnschacht (de)	**рударско окно** (с)	rúdarsko ókno
mijnwerker (de)	**рудар** (м)	rúdar
gas (het)	**гас** (м)	gas
gasleiding (de)	**плиновод** (м)	plínovod
olie (aardolie)	**нафта** (ж)	náfta
olieleiding (de)	**нафтовод** (м)	náftovod
oliebron (de)	**нафтна бушотина** (ж)	náftna búšotina
boortoren (de)	**нафтна платформа** (ж)	náftna plátforma
tanker (de)	**танкер** (м)	tánker
zand (het)	**песак** (м)	pésak
kalksteen (de)	**кречњак** (м)	kréčnjak
grind (het)	**шљунак** (м)	šljúnak
veen (het)	**тресет** (м)	tréset
klei (de)	**глина** (ж)	glína
steenkool (de)	**угаљ** (м)	úgalj
ijzer (het)	**гвожђе** (с)	gvóžđe
goud (het)	**злато** (с)	zláto
zilver (het)	**сребро** (с)	srébro
nikkel (het)	**никл** (м)	nikl
koper (het)	**бакар** (м)	bákar
zink (het)	**цинк** (м)	cink
mangaan (het)	**манган** (м)	mángan
kwik (het)	**жива** (ж)	žíva
lood (het)	**олово** (с)	ólovo
mineraal (het)	**минерал** (м)	míneral
kristal (het)	**кристал** (м)	krístal
marmer (het)	**мермер, мрамор** (м)	mérmer, mrámor
uraan (het)	**уран** (м)	úran

De Aarde. Deel 2

172. Weer

weer (het)	**време** (с)	vréme
weersvoorspelling (de)	**временска прогноза** (ж)	vrémenska prognóza
temperatuur (de)	**температура** (ж)	temperatúra
thermometer (de)	**термометар** (м)	térmometar
barometer (de)	**барометар** (м)	bárometar
vochtig (bn)	**влажан**	vlážan
vochtigheid (de)	**влажност** (ж)	vlážnost
hitte (de)	**врућина** (ж)	vrućína
heet (bn)	**врућ**	vruć
het is heet	**вруће је**	vrúće je
het is warm	**топло је**	tóplo je
warm (bn)	**топао**	tópao
het is koud	**хладно је**	hládno je
koud (bn)	**хладан**	hládan
zon (de)	**сунце** (с)	súnce
schijnen (de zon)	**сијати** (нг)	síjati
zonnig (~e dag)	**сунчан**	súnčan
opgaan (ov. de zon)	**изаћи** (нг)	ízaći
ondergaan (ww)	**заћи** (нг)	záći
wolk (de)	**облак** (м)	óblak
bewolkt (bn)	**облачан**	óblačan
regenwolk (de)	**кишни облак** (м)	kíšni óblak
somber (bn)	**тмуран**	tmúran
regen (de)	**киша** (ж)	kíša
het regent	**пада киша**	páda kíša
regenachtig (bn)	**кишовит**	kišóvit
motregenen (ww)	**сипити** (нг)	sípiti
plensbui (de)	**пљусак** (м)	pljúsak
stortbui (de)	**пљусак** (м)	pljúsak
hard (bn)	**јак**	jak
plas (de)	**бара** (ж)	bára
nat worden (ww)	**покиснути** (нг)	pókisnuti
mist (de)	**магла** (ж)	mágla
mistig (bn)	**магловит**	maglóvit
sneeuw (de)	**снег** (м)	sneg
het sneeuwt	**пада снег**	páda sneg

173. Zwaar weer. Natuurrampen

noodweer (storm)	**олуја** (ж)	olúja
bliksem (de)	**муња** (ж)	múnja
flitsen (ww)	**севати** (нг)	sévati
donder (de)	**гром** (м)	grom
donderen (ww)	**грмети** (нг)	gŕmeti
het dondert	**грми**	gŕmi
hagel (de)	**град** (м)	grad
het hagelt	**пада град**	páda grad
overstromen (ww)	**поплавити** (пг)	póplaviti
overstroming (de)	**поплава** (ж)	póplava
aardbeving (de)	**земљотрес** (м)	zémljotres
aardschok (de)	**потрес** (м)	pótres
epicentrum (het)	**епицентар** (м)	epicéntar
uitbarsting (de)	**ерупција** (ж)	erúpcija
lava (de)	**лава** (ж)	láva
wervelwind (de)	**вихор** (м)	víhor
windhoos (de)	**торнадо** (м)	tórnado
tyfoon (de)	**тајфун** (м)	tájfun
orkaan (de)	**ураган** (м)	úragan
storm (de)	**олуја** (ж)	olúja
tsunami (de)	**цунами** (м)	cunámi
cycloon (de)	**циклон** (м)	cíklon
onweer (het)	**невреме** (с)	névreme
brand (de)	**пожар** (м)	póžar
ramp (de)	**катастрофа** (ж)	katastrófa
meteoriet (de)	**метеорит** (м)	meteórit
lawine (de)	**лавина** (ж)	lávina
sneeuwverschuiving (de)	**усов** (м)	úsov
sneeuwjacht (de)	**мећава** (ж)	mećava
sneeuwstorm (de)	**мећава, вејавица** (ж)	mećava, véjavica

Fauna

174. Zoogdieren. Roofdieren

roofdier (het)	**предатор, грабљивац** (м)	prédator, grábljivac
tijger (de)	**тигар** (м)	tígar
leeuw (de)	**лав** (м)	lav
wolf (de)	**вук** (м)	vuk
vos (de)	**лисица** (ж)	lísica
jaguar (de)	**јагуар** (м)	jáguar
luipaard (de)	**леопард** (м)	léopard
jachtluipaard (de)	**гепард** (м)	gépard
panter (de)	**пантер** (м)	pánter
poema (de)	**пума** (ж)	púma
sneeuwluipaard (de)	**снежни леопард** (м)	snéžni léopard
lynx (de)	**рис** (м)	ris
coyote (de)	**којот** (м)	kójot
jakhals (de)	**шакал** (м)	šákal
hyena (de)	**хијена** (ж)	hijéna

175. Wilde dieren

dier (het)	**животиња** (ж)	živótinja
beest (het)	**звер** (м)	zver
eekhoorn (de)	**веверица** (ж)	véverica
egel (de)	**јеж** (м)	jež
haas (de)	**зец** (м)	zec
konijn (het)	**кунић** (м)	kúnić
das (de)	**јазавац** (м)	jázavac
wasbeer (de)	**ракун** (м)	rákun
hamster (de)	**хрчак** (м)	hŕčak
marmot (de)	**мрмот** (м)	mŕmot
mol (de)	**кртица** (ж)	kŕtica
muis (de)	**миш** (ж)	miš
rat (de)	**пацов** (м)	pácov
vleermuis (de)	**слепи миш** (м)	slépi miš
hermelijn (de)	**хермелин** (м)	hérmelin
sabeldier (het)	**самур** (м)	sámur
marter (de)	**куна** (ж)	kúna
wezel (de)	**ласица** (ж)	lásica
nerts (de)	**нерц, визон** (м)	nerc, vízon

bever (de)	**дабар** (м)	dábar
otter (de)	**видра** (ж)	vídra
paard (het)	**коњ** (м)	konj
eland (de)	**лос** (м)	los
hert (het)	**јелен** (м)	jélen
kameel (de)	**камила** (ж)	kámila
bizon (de)	**бизон** (м)	bízon
wisent (de)	**зубар** (м)	zúbar
buffel (de)	**бивол** (м)	bívol
zebra (de)	**зебра** (ж)	zébra
antilope (de)	**антилопа** (ж)	antilópa
ree (de)	**срна** (ж)	sŕna
damhert (het)	**јелен лопатар** (м)	jélen lópatar
gems (de)	**дивокоза** (ж)	dívokoza
everzwijn (het)	**вепар** (м)	vépar
walvis (de)	**кит** (м)	kit
rob (de)	**фока** (ж)	fóka
walrus (de)	**морж** (м)	morž
zeebeer (de)	**фока** (ж)	fóka
dolfijn (de)	**делфин** (м)	délfin
beer (de)	**медвед** (м)	médved
ijsbeer (de)	**бели медвед** (м)	béli médved
panda (de)	**панда** (ж)	pánda
aap (de)	**мајмун** (м)	májmun
chimpansee (de)	**шимпанза** (ж)	šimpánza
orang-oetan (de)	**орангутан** (м)	orangútan
gorilla (de)	**горила** (ж)	goríla
makaak (de)	**макаки** (м)	makáki
gibbon (de)	**гибон** (м)	gíbon
olifant (de)	**слон** (м)	slon
neushoorn (de)	**носорог** (м)	nósorog
giraffe (de)	**жирафа** (ж)	žiráfa
nijlpaard (het)	**нилски коњ** (м)	nílski konj
kangoeroe (de)	**кенгур** (м)	kéngur
koala (de)	**коала** (ж)	koála
mangoest (de)	**мунгос** (м)	múngos
chinchilla (de)	**чинчила** (ж)	čínčila
stinkdier (het)	**твор** (м)	tvor
stekelvarken (het)	**дикобраз** (м)	díkobraz

176. Huisdieren

poes (de)	**мачка** (ж)	máčka
kater (de)	**мачак** (м)	máčak
hond (de)	**пас** (м)	pas

paard (het)	**коњ** (м)	konj
hengst (de)	**ждребац** (м)	ždrébac
merrie (de)	**кобила** (ж)	kóbila
koe (de)	**крава** (ж)	kráva
bul, stier (de)	**бик** (м)	bik
os (de)	**во** (м)	vo
schaap (het)	**овца** (ж)	óvca
ram (de)	**ован** (м)	óvan
geit (de)	**коза** (ж)	kóza
bok (de)	**јарац** (м)	járac
ezel (de)	**магарац** (м)	mágarac
muilezel (de)	**мазга** (ж)	mázga
varken (het)	**свиња** (ж)	svínja
biggetje (het)	**прасе** (с)	práse
konijn (het)	**кунић, домаћи зец** (м)	kúnić, dómaći zec
kip (de)	**кокош** (ж)	kókoš
haan (de)	**певац** (м)	pévac
eend (de)	**патка** (ж)	pátka
woerd (de)	**патак** (м)	pátak
gans (de)	**гуска** (ж)	gúska
kalkoen haan (de)	**ћуран** (м)	ćúran
kalkoen (de)	**ћурка** (ж)	ćúrka
huisdieren (mv.)	**домаће животиње** (мн)	domáće živótinje
tam (bijv. hamster)	**питом**	pítom
temmen (tam maken)	**припитомљивати** (пг)	pripitomljívati
fokken (bijv. paarden ~)	**узгајати** (пг)	uzgájati
boerderij (de)	**фарма** (ж)	fárma
gevogelte (het)	**живина** (ж)	živína
rundvee (het)	**стока** (ж)	stóka
kudde (de)	**стадо** (с)	stádo
paardenstal (de)	**штала** (ж)	štála
zwijnenstal (de)	**свињац** (м)	svínjac
koeienstal (de)	**стаја** (ж)	stája
konijnenhok (het)	**зечињак** (м)	zéčinjak
kippenhok (het)	**кокошињац** (м)	kókošinjac

177. Honden. Hondenrassen

hond (de)	**пас** (м)	pas
herdershond (de)	**овчар** (м)	óvčar
Duitse herdershond (de)	**немачки овчар** (м)	némački óvčar
poedel (de)	**пудла** (ж)	púdla
teckel (de)	**јазавичар** (м)	jázavičar
buldog (de)	**булдог** (м)	búldog

boxer (de)	**боксер** (м)	bókser
mastiff (de)	**мастиф** (м)	mástif
rottweiler (de)	**ротвајлер** (м)	rótvajler
doberman (de)	**доберман** (м)	dóberman
basset (de)	**басет** (м)	báset
bobtail (de)	**бобтејл** (м)	bóbtejl
dalmatiër (de)	**далматинац** (м)	dalmatínac
cockerspaniël (de)	**кокер шпанијел** (м)	kóker špánijel
Newfoundlander (de)	**њуфаундленд** (м)	njufáundlend
sint-bernard (de)	**бернардинац** (м)	bernardínac
husky (de)	**хаски** (м)	háski
chowchow (de)	**чау-чау** (м)	čáu-čáu
spits (de)	**шпиц** (м)	špic
mopshond (de)	**мопс** (м)	mops

178. Dierengeluiden

geblaf (het)	**лавеж** (м)	lávež
blaffen (ww)	**лајати** (нг)	lájati
miauwen (ww)	**маукати** (нг)	maúkati
spinnen (katten)	**прести** (нг)	présti
loeien (ov. een koe)	**мукати** (нг)	múkati
brullen (stier)	**рикати** (нг)	ríkati
grommen (ov. de honden)	**режати** (нг)	réžati
gehuil (het)	**завијање** (с)	zavijanje
huilen (wolf, enz.)	**завијати** (нг)	zavijati
janken (ov. een hond)	**цвилети** (нг)	cvíleti
mekkeren (schapen)	**блејати** (нг)	bléjati
knorren (varkens)	**гроктати** (нг)	gróktati
gillen (bijv. varken)	**вриштати** (нг)	vríštati
kwaken (kikvorsen)	**крекетати** (нг)	krekétati
zoemen (hommel, enz.)	**зујати** (нг)	zújati
tjirpen (sprinkhanen)	**цврчати** (нг)	cvŕčati

179. Vogels

vogel (de)	**птица** (ж)	ptíca
duif (de)	**голуб** (м)	gólub
mus (de)	**врабац** (м)	vrábac
koolmees (de)	**сеница** (ж)	sénica
ekster (de)	**сврака** (ж)	svráka
raaf (de)	**гавран** (м)	gávran
kraai (de)	**врана** (ж)	vrána
kauw (de)	**чавка** (ж)	čávka

roek (de)	**гачац** (м)	gáčac
eend (de)	**патка** (ж)	pátka
gans (de)	**гуска** (ж)	gúska
fazant (de)	**фазан** (м)	fázan
arend (de)	**орао** (м)	órao
havik (de)	**јастреб** (м)	jástreb
valk (de)	**соко** (м)	sóko
gier (de)	**суп** (м)	sup
condor (de)	**кондор** (м)	kóndor
zwaan (de)	**лабуд** (м)	lábud
kraanvogel (de)	**ждрал** (м)	ždral
ooievaar (de)	**рода** (ж)	róda
papegaai (de)	**папагај** (м)	papágaj
kolibrie (de)	**колибри** (м)	kolíbri
pauw (de)	**паун** (м)	páun
struisvogel (de)	**ној** (м)	noj
reiger (de)	**чапља** (ж)	čáplja
flamingo (de)	**фламинго** (м)	flamíngo
pelikaan (de)	**пеликан** (м)	pelíkan
nachtegaal (de)	**славуј** (м)	slávuj
zwaluw (de)	**ластавица** (ж)	lástavica
lijster (de)	**дрозд** (м)	drozd
zanglijster (de)	**дрозд певач** (м)	drozd pevač
merel (de)	**кос** (м)	kos
gierzwaluw (de)	**брегуница** (ж)	brégunica
leeuwerik (de)	**шева** (ж)	šéva
kwartel (de)	**препелица** (ж)	prépelica
specht (de)	**детлић** (м)	détlić
koekoek (de)	**кукавица** (ж)	kúkavica
uil (de)	**сова** (ж)	sóva
oehoe (de)	**совуљага** (ж)	sovúljaga
auerhoen (het)	**велики тетреб** (м)	véliki tétreb
korhoen (het)	**мали тетреб** (м)	máli tétreb
patrijs (de)	**јаребица** (ж)	jarébica
spreeuw (de)	**чворак** (м)	čvórak
kanarie (de)	**канаринац** (м)	kanarínac
hazelhoen (het)	**лештарка** (ж)	léštarka
vink (de)	**зеба** (ж)	zéba
goudvink (de)	**зимовка** (ж)	zímovka
meeuw (de)	**галеб** (м)	gáleb
albatros (de)	**албатрос** (м)	álbatros
pinguïn (de)	**пингвин** (м)	píngvin

180. Vogels. Zingen en geluiden

fluiten, zingen (ww)	**певати** (нг, пг)	pévati
schreeuwen (dieren, vogels)	**викати** (нг)	víkati
kraaien (ov. een haan)	**кукурикати** (нг)	kukuríkati
kukeleku	**кукурику**	kukuríku
klokken (hen)	**кокодакати** (нг)	kokodákati
krassen (kraai)	**грактати** (нг)	gráktati
kwaken (eend)	**гакати** (нг)	gákati
piepen (kuiken)	**пиштати** (нг)	píštati
tjilpen (bijv. een mus)	**цвркутати** (нг)	cvrkútati

181. Vis. Zeedieren

brasem (de)	**деверика** (ж)	devérika
karper (de)	**шаран** (м)	šáran
baars (de)	**гргеч** (м)	gŕgeč
meerval (de)	**сом** (м)	som
snoek (de)	**штука** (ж)	štúka
zalm (de)	**лосос** (м)	lósos
steur (de)	**јесетра** (ж)	jésetra
haring (de)	**харинга** (ж)	háringa
atlantische zalm (de)	**атлантски лосос** (м)	átlantski lósos
makreel (de)	**скуша** (ж)	skúša
platvis (de)	**лист** (м)	list
snoekbaars (de)	**смуђ** (м)	smuđ
kabeljauw (de)	**бакалар** (м)	bakálar
tonijn (de)	**туна** (ж), **туњ** (м)	tuna, tunj
forel (de)	**пастрмка** (ж)	pástrmka
paling (de)	**јегуља** (ж)	jégulja
sidderrog (de)	**ража** (ж)	ráža
murene (de)	**мурина** (ж)	múrina
piranha (de)	**пирана** (ж)	pirána
haai (de)	**ајкула** (ж)	ájkula
dolfijn (de)	**делфин** (м)	délfin
walvis (de)	**кит** (м)	kit
krab (de)	**краба** (ж)	krába
kwal (de)	**медуза** (ж)	medúza
octopus (de)	**хоботница** (ж)	hóbotnica
zeester (de)	**морска звезда** (ж)	mórska zvézda
zee-egel (de)	**морски јеж** (м)	mórski jež
zeepaardje (het)	**морски коњић** (м)	mórski kónjić
oester (de)	**острига** (ж)	óstriga
garnaal (de)	**шкамп** (м)	škamp

kreeft (de)	**хлап** (м)	hlap
langoest (de)	**јастог** (м)	jástog

182. Amfibieën. Reptielen

slang (de)	**змија** (ж)	zmíja
giftig (slang)	**отрован**	ótrovan
adder (de)	**шарка** (ж)	šárka
cobra (de)	**кобра** (ж)	kóbra
python (de)	**питон** (м)	píton
boa (de)	**удав** (м)	údav
ringslang (de)	**белоушка** (ж)	beloúška
ratelslang (de)	**звечарка** (ж)	zvéčarka
anaconda (de)	**анаконда** (ж)	anakónda
hagedis (de)	**гуштер** (м)	gúšter
leguaan (de)	**игуана** (ж)	iguána
varaan (de)	**варан** (м)	váran
salamander (de)	**даждевњак** (м)	daždévnjak
kameleon (de)	**камелеон** (м)	kameléon
schorpioen (de)	**шкорпија** (ж)	škórpija
schildpad (de)	**корњача** (ж)	kórnjača
kikker (de)	**жаба** (ж)	žába
pad (de)	**крастача** (ж)	krástača
krokodil (de)	**крокодил** (м)	krokódil

183. Insecten

insect (het)	**инсект** (м)	ínsekt
vlinder (de)	**лептир** (м)	léptir
mier (de)	**мрав** (м)	mrav
vlieg (de)	**мува** (ж)	múva
mug (de)	**комарац** (м)	komárac
kever (de)	**буба** (ж)	búba
wesp (de)	**оса** (ж)	ósa
bij (de)	**пчела** (ж)	pčéla
hommel (de)	**бумбар** (м)	búmbar
horzel (de)	**обад** (м)	óbad
spin (de)	**паук** (м)	páuk
spinnenweb (het)	**паучина** (ж)	páučina
libel (de)	**вилин коњиц** (м)	vílin kónjic
sprinkhaan (de)	**скакавац** (м)	skákavac
nachtvlinder (de)	**мољац** (м)	móljac
kakkerlak (de)	**бубашваба** (ж)	bubašvába
teek (de)	**крпељ** (м)	kŕpelj

vlo (de)	**бува** (ж)	búva
kriebelmug (de)	**мушица** (ж)	múšica
treksprinkhaan (de)	**миграторни скакавац** (м)	mígratorni skákavac
slak (de)	**пуж** (м)	puž
krekel (de)	**цврчак** (м)	cvŕčak
glimworm (de)	**свитац** (м)	svítac
lieveheersbeestje (het)	**бубамара** (ж)	bubamára
meikever (de)	**гундељ** (м)	gúndelj
bloedzuiger (de)	**пијавица** (ж)	píjavica
rups (de)	**гусеница** (ж)	gúsenica
aardworm (de)	**црв** (м)	cŕv
larve (de)	**ларва** (ж)	lárva

184. Dieren. Lichaamsdelen

snavel (de)	**кљун** (м)	kljun
vleugels (mv.)	**крила** (мн)	kríla
poot (ov. een vogel)	**нога** (ж)	nóga
verenkleed (het)	**перје** (с)	pérje
veer (de)	**перо** (с)	péro
kuifje (het)	**креста** (ж)	krésta
kieuwen (mv.)	**шкрге** (мн)	škŕge
kuit, dril (de)	**икра** (ж)	íkra
larve (de)	**личинка** (ж)	líčinka
vin (de)	**пераје** (ж)	peráje
schubben (mv.)	**крљушт** (ж)	kŕljušt
slagtand (de)	**очњак** (м)	óčnjak
poot (bijv. ~ van een kat)	**шапа** (ж)	šápa
muil (de)	**њушка** (ж)	njúška
bek (mond van dieren)	**чељуст** (ж)	čéljust
staart (de)	**реп** (м)	rep
snorharen (mv.)	**бркови** (мн)	bŕkovi
hoef (de)	**копито** (с)	kópito
hoorn (de)	**рог** (м)	rog
schild (schildpad, enz.)	**оклоп** (м)	óklop
schelp (de)	**шкољка** (ж)	škóljka
eierschaal (de)	**љуска** (ж)	ljúska
vacht (de)	**вуна** (ж)	vúna
huid (de)	**кожа** (ж)	kóža

185. Dieren. Leefomgevingen

leefgebied (het)	**станиште** (с)	stánište
migratie (de)	**миграција** (ж)	migrácija
berg (de)	**планина** (ж)	planína

rif (het)	**гребен** (м)	grében
klip (de)	**литица** (ж)	lítica
bos (het)	**шума** (ж)	šúma
jungle (de)	**џунгла** (ж)	džúngla
savanne (de)	**савана** (ж)	savána
toendra (de)	**тундра** (ж)	túndra
steppe (de)	**степа** (ж)	stépa
woestijn (de)	**пустиња** (ж)	pústinja
oase (de)	**оаза** (ж)	oáza
zee (de)	**море** (с)	móre
meer (het)	**језеро** (с)	jézero
oceaan (de)	**океан** (м)	okéan
moeras (het)	**мочвара** (ж)	móčvara
zoetwater- (abn)	**слатководни**	slátkovodni
vijver (de)	**језерце** (с)	jézerce
rivier (de)	**река** (ж)	réka
berenhol (het)	**брлог** (м)	bŕlog
nest (het)	**гнездо** (с)	gnézdo
boom holte (de)	**дупља** (ж)	dúplja
hol (het)	**јазбина, рупа** (ж)	jázbina, rúpa
mierenhoop (de)	**мравињак** (м)	mrávinjak

Flora

186. Bomen

boom (de)	**дрво** (с)	dȑvo
loof- (abn)	**листопадно**	lístopadno
dennen- (abn)	**четинарско**	čétinarsko
groenblijvend (bn)	**зимзелено**	zímzeleno
appelboom (de)	**јабука** (ж)	jábuka
perenboom (de)	**крушка** (ж)	krúška
zoete kers (de)	**трешња** (ж)	tréšnja
zure kers (de)	**вишња** (ж)	víšnja
pruimelaar (de)	**шљива** (ж)	šljíva
berk (de)	**бреза** (ж)	bréza
eik (de)	**храст** (м)	hrast
linde (de)	**липа** (ж)	lípa
esp (de)	**јасика** (ж)	jásika
esdoorn (de)	**јавор** (м)	jávor
spar (de)	**јела** (ж)	jéla
den (de)	**бор** (м)	bor
lariks (de)	**ариш** (м)	áriš
zilverspar (de)	**јела** (ж)	jéla
ceder (de)	**кедар** (м)	kédar
populier (de)	**топола** (ж)	topóla
lijsterbes (de)	**јаребика** (ж)	járebika
wilg (de)	**врба** (ж)	vȑba
els (de)	**јова** (ж)	jóva
beuk (de)	**буква** (ж)	búkva
iep (de)	**брест** (м)	brest
es (de)	**јасен** (м)	jásen
kastanje (de)	**кестен** (м)	késten
magnolia (de)	**магнолија** (ж)	magnólija
palm (de)	**палма** (ж)	pálma
cipres (de)	**чемпрес** (м)	čémpres
mangrove (de)	**мангрово дрво** (с)	mángrovo dȑvo
baobab (apenbroodboom)	**баобаб** (м)	báobab
eucalyptus (de)	**еукалиптус** (м)	eukalíptus
mammoetboom (de)	**секвоја** (ж)	sekvója

187. Heesters

struik (de)	**грм, жбун** (м)	gȑm, žbun
heester (de)	**жбун** (м)	žbun

wijnstok (de)	**винова лоза** (ж)	vínova lóza
wijngaard (de)	**виноград** (м)	vínograd
frambozenstruik (de)	**малина** (ж)	málina
zwarte bes (de)	**црна рибизла** (ж)	cŕna ríbizla
rode bessenstruik (de)	**црвена рибизла** (ж)	crvéna ríbizla
kruisbessenstruik (de)	**огрозд** (м)	ógrozd
acacia (de)	**багрем** (м)	bágrem
zuurbes (de)	**жутика, шимширика** (ж)	žútika, šimšírika
jasmijn (de)	**јасмин** (м)	jásmin
jeneverbes (de)	**клека** (ж)	kléka
rozenstruik (de)	**ружин грм** (м)	rúžin gŕm
hondsroos (de)	**шипак** (м)	šípak

188. Champignons

paddenstoel (de)	**гљива, печурка** (ж)	gljíva, péčurka
eetbare paddenstoel (de)	**јестива гљива, печурка** (ж)	jéstiva gljíva, péčurka
giftige paddenstoel (de)	**отровна гљива** (ж)	ótrovna gljíva
hoed (de)	**шешир** (м)	šéšir
steel (de)	**ножица** (ж)	nóžica
eekhoorntjesbrood (het)	**вргањ** (м)	vŕganj
rosse populierboleet (de)	**јасикин турчин** (м)	jásikin túrčin
berkenboleet (de)	**брезов дед** (м)	brézov ded
cantharel (de)	**лисичарка** (ж)	lísičarka
russula (de)	**красница** (ж)	krásnica
morielje (de)	**смрчак** (м)	smŕčak
vliegenzwam (de)	**мухара** (ж)	múhara
groene knolamaniet (de)	**отровна гљива** (ж)	ótrovna gljíva

189. Vruchten. Bessen

vrucht (de)	**воћка** (ж)	vóćka
vruchten (mv.)	**воће, плодови** (мн)	vóće, plódovi
appel (de)	**јабука** (ж)	jábuka
peer (de)	**крушка** (ж)	krúška
pruim (de)	**шљива** (ж)	šljíva
aardbei (de)	**јагода** (ж)	jágoda
zure kers (de)	**вишња** (ж)	víšnja
zoete kers (de)	**трешња** (ж)	tréšnja
druif (de)	**грожђе** (с)	gróžđe
framboos (de)	**малина** (ж)	málina
zwarte bes (de)	**црна рибизла** (ж)	cŕna ríbizla
rode bes (de)	**црвена рибизла** (ж)	crvéna ríbizla
kruisbes (de)	**огрозд** (м)	ógrozd
veenbes (de)	**брусница** (ж)	brúsnica

sinaasappel (de)	**наранџа** (ж)	nárandža
mandarijn (de)	**мандарина** (ж)	mandarína
ananas (de)	**ананас** (м)	ánanas
banaan (de)	**банана** (ж)	banána
dadel (de)	**урма** (ж)	úrma
citroen (de)	**лимун** (м)	límun
abrikoos (de)	**кајсија** (ж)	kájsija
perzik (de)	**бресква** (ж)	bréskva
kiwi (de)	**киви** (м)	kívi
grapefruit (de)	**грејпфрут** (м)	gréjpfrut
bes (de)	**бобица** (ж)	bóbica
bessen (mv.)	**бобице** (мн)	bóbice
vossenbes (de)	**брусница** (ж)	brúsnica
bosaardbei (de)	**шумска јагода** (ж)	šúmska jágoda
blauwe bosbes (de)	**боровница** (ж)	boróvnica

190. Bloemen. Planten

bloem (de)	**цвет** (м)	cvet
boeket (het)	**букет** (м)	búket
roos (de)	**ружа** (ж)	rúža
tulp (de)	**тулипан** (м)	tulípan
anjer (de)	**каранфил** (м)	karánfil
gladiool (de)	**гладиола** (ж)	gladióla
korenbloem (de)	**различак** (м)	razlíčak
klokje (het)	**звонце** (с)	zvónce
paardenbloem (de)	**маслачак** (м)	masláčak
kamille (de)	**камилица** (ж)	kamílica
aloë (de)	**алоја** (ж)	áloja
cactus (de)	**кактус** (м)	káktus
ficus (de)	**фикус** (м)	fíkus
lelie (de)	**љиљан** (м)	ljíljan
geranium (de)	**геранијум, здравац** (м)	geránium, zdrávac
hyacint (de)	**зумбул** (м)	zúmbul
mimosa (de)	**мимоза** (ж)	mimóza
narcis (de)	**нарцис** (м)	nárcis
Oost-Indische kers (de)	**драгољуб** (м)	drágoljub
orchidee (de)	**орхидеја** (ж)	orhidéja
pioenroos (de)	**божур** (м)	bóžur
viooltje (het)	**љубичица** (ж)	ljubičíca
driekleurig viooltje (het)	**дан и ноћ**	dan i noć
vergeet-mij-nietje (het)	**споменак** (м)	spoménak
madeliefje (het)	**красуљак** (м)	krasúljak
papaver (de)	**мак** (м)	mak
hennep (de)	**конопља** (ж)	kónoplja

munt (de)	**нана, метвица** (ж)	nána, métvica
lelietje-van-dalen (het)	**ђурђевак** (м)	đurđévak
sneeuwklokje (het)	**висибаба** (ж)	vísibaba
brandnetel (de)	**коприва** (ж)	kópriva
veldzuring (de)	**киселјак** (м)	kiséljak
waterlelie (de)	**локвањ** (м)	lókvanj
varen (de)	**папрат** (ж)	páprat
korstmos (het)	**лишај** (м)	líšaj
oranjerie (de)	**стакленик** (м)	stáklenik
gazon (het)	**травњак** (м)	trávnjak
bloemperk (het)	**цветна леја** (ж)	cvétna léja
plant (de)	**биљка** (ж)	bíljka
gras (het)	**трава** (ж)	tráva
grasspriet (de)	**травчица** (ж)	trávčica
blad (het)	**лист** (м)	list
bloemblad (het)	**латица** (ж)	lática
stengel (de)	**стабљика** (ж)	stábljika
knol (de)	**гомољ** (м)	gómolj
scheut (de)	**изданак** (м)	ízdanak
doorn (de)	**трн** (м)	trn
bloeien (ww)	**цветати** (нг)	cvétati
verwelken (ww)	**венути** (нг)	vénuti
geur (de)	**мирис** (м)	míris
snijden (bijv. bloemen ~)	**одсећи** (пг)	ódseći
plukken (bloemen ~)	**убрати** (пг)	ubráti

191. Granen, graankorrels

graan (het)	**зрно** (с)	zŕno
graangewassen (mv.)	**житарице** (мн)	žitárice
aar (de)	**клас** (м)	klas
tarwe (de)	**пшеница** (ж)	pšénica
rogge (de)	**раж** (ж)	raž
haver (de)	**овас** (м)	óvas
gierst (de)	**просо** (с)	próso
gerst (de)	**јечам** (м)	jéčam
maïs (de)	**кукуруз** (м)	kukúruz
rijst (de)	**пиринач** (м)	pírinač
boekweit (de)	**хељда** (ж)	héljda
erwt (de)	**грашак** (м)	grášak
nierboon (de)	**пасуљ** (м)	pásulj
soja (de)	**соја** (ж)	sója
linze (de)	**сочиво** (с)	sóčivo
bonen (mv.)	**махунарке** (мн)	mahúnarke

REGIONALE AARDRIJKSKUNDE

192. Politiek. Overheid. Deel 1

politiek (de)	**политика** (ж)	polítika
politiek (bn)	**политички**	polítički
politicus (de)	**политичар** (м)	polítičar
staat (land)	**држава** (ж)	dȑžava
burger (de)	**државлянин** (м)	držávljanin
staatsburgerschap (het)	**државлянство** (с)	državljánstvo
nationaal wapen (het)	**државни грб** (м)	dȑžavni grb
volkslied (het)	**државна химна** (ж)	držávna hímna
regering (de)	**влада** (ж)	vláda
staatshoofd (het)	**шеф** (м) **државе**	šef držáve
parlement (het)	**парламент** (м)	parláment
partij (de)	**странка** (ж)	stránka
kapitalisme (het)	**капитализам** (м)	kapitalízam
kapitalistisch (bn)	**капиталистички**	kapitalístički
socialisme (het)	**социјализам** (м)	socijalízam
socialistisch (bn)	**социјалистички**	socijalístički
communisme (het)	**комунизам** (м)	komunízam
communistisch (bn)	**комунистички**	komunístički
communist (de)	**комуниста** (м)	komunísta
democratie (de)	**демократија** (ж)	demokrátija
democraat (de)	**демократа** (м)	demókrata
democratisch (bn)	**демократски**	demókratski
democratische partij (de)	**демократска странка** (ж)	demókratska stránka
liberaal (de)	**либерал** (м)	libéral
liberaal (bn)	**либералан**	líberalan
conservator (de)	**конзерватор** (м)	konzervátor
conservatief (bn)	**конзервативни**	kónzervativni
republiek (de)	**република** (ж)	repúblika
republikein (de)	**републиканац** (м)	republikánac
Republikeinse Partij (de)	**републиканска странка** (ж)	republíkanska stránka
verkiezing (de)	**избори** (мн)	ízbori
kiezen (ww)	**изабирати** (пг)	izábirati
kiezer (de)	**бирач** (м)	bírač
verkiezingscampagne (de)	**изборна кампања** (ж)	ízborna kampánja
stemming (de)	**гласање** (с)	glásanje
stemmen (ww)	**гласати** (нг)	glásati

stemrecht (het)	**право** (с) **гласа**	právo glása
kandidaat (de)	**кандидат** (м)	kandídat
zich kandideren	**кандидовати се**	kandidovati se
campagne (de)	**кампања** (ж)	kampánja
oppositie- (abn)	**опозициони**	opozícioni
oppositie (de)	**опозиција** (ж)	opozícija
bezoek (het)	**посета** (ж)	póseta
officieel bezoek (het)	**званична посета** (ж)	zvánična póseta
internationaal (bn)	**међународни**	međunárodni
onderhandelingen (mv.)	**преговори** (мн)	prégovori
onderhandelen (ww)	**преговарати** (нг)	pregovárati

193. Politiek. Overheid. Deel 2

maatschappij (de)	**друштво** (с)	drúštvo
grondwet (de)	**устав** (м)	ústav
macht (politieke ~)	**власт** (ж)	vlast
corruptie (de)	**корупција** (ж)	korúpcija
wet (de)	**закон** (м)	zákon
wettelijk (bn)	**законит**	zákonit
rechtvaardigheid (de)	**правда** (ж)	právda
rechtvaardig (bn)	**праведан**	právedan
comité (het)	**комитет** (м)	komítet
wetsvoorstel (het)	**нацрт** (м) **закона**	nacrt zákona
begroting (de)	**буџет** (м)	búdžet
beleid (het)	**политика** (ж)	polítika
hervorming (de)	**реформа** (ж)	réforma
radicaal (bn)	**радикалан**	rádikalan
macht (vermogen)	**снага** (ж)	snága
machtig (bn)	**моћан**	móćan
aanhanger (de)	**присталица** (м)	prístalica
invloed (de)	**утицај** (м)	úticaj
regime (het)	**режим** (м)	réžim
conflict (het)	**конфликт** (м)	kónflikt
samenzwering (de)	**завера** (ж)	závera
provocatie (de)	**провокација** (ж)	provokácija
omverwerpen (ww)	**оборити** (пг)	obóriti
omverwerping (de)	**свргавање** (с)	svrgávanje
revolutie (de)	**револуција** (ж)	revolúcija
staatsgreep (de)	**државни удар** (м)	državni údar
militaire coup (de)	**војни удар** (м)	vójni údar
crisis (de)	**криза** (ж)	kríza
economische recessie (de)	**економски пад** (м)	ekónomski pad

betoger (de)	**демонстрант** (м)	demónstrant
betoging (de)	**демонстрација** (ж)	demonstrácija
krijgswet (de)	**ванредно стање** (с)	vánredno stánje
militaire basis (de)	**војна база** (ж)	vójna báza
stabiliteit (de)	**стабилност** (ж)	stabílnost
stabiel (bn)	**стабилан**	stábilan
uitbuiting (de)	**експлоатација** (ж)	eksploatácija
uitbuiten (ww)	**експлоатисати** (пг)	eksploatísati
racisme (het)	**расизам** (м)	rasízam
racist (de)	**расиста** (м)	rásista
fascisme (het)	**фашизам** (м)	fašízam
fascist (de)	**фашиста** (м)	fašísta

194. Landen. Diversen

vreemdeling (de)	**странац** (м)	stránac
buitenlands (bn)	**стран**	stran
in het buitenland (bw)	**у иностранству**	u inostránstvu
emigrant (de)	**емигрант** (м)	emígrant
emigratie (de)	**емиграција** (ж)	emigrácija
emigreren (ww)	**емигрирати** (нг)	emigrírati
Westen (het)	**Запад** (м)	Západ
Oosten (het)	**Исток** (м)	Ístok
Verre Oosten (het)	**Далеки Исток** (м)	Dáleki Ístok
beschaving (de)	**цивилизација** (ж)	civilizácija
mensheid (de)	**човечанство** (с)	čovečánstvo
wereld (de)	**свет** (м)	svet
vrede (de)	**мир** (м)	mir
wereld- (abn)	**светски**	svétski
vaderland (het)	**отаџбина** (ж)	ótadžbina
volk (het)	**народ** (м)	národ
bevolking (de)	**становништво** (с)	stanovníštvo
mensen (mv.)	**људи** (мн)	ljúdi
natie (de)	**нација** (ж)	nácija
generatie (de)	**генерација** (ж)	generácija
gebied (bijv. bezette ~en)	**територија** (ж)	teritórija
regio, streek (de)	**регион** (м)	regíon
deelstaat (de)	**држава** (ж)	dȑžava
traditie (de)	**традиција** (ж)	trádicija
gewoonte (de)	**обичај** (м)	óbičaj
ecologie (de)	**екологија** (ж)	ekológija
Indiaan (de)	**Индијанац** (м)	Indijánac
zigeuner (de)	**Циганин** (м)	Cíganin
zigeunerin (de)	**Циганка** (ж)	Cíganka

zigeuner- (abn)	**цигански**	cíganski
rijk (het)	**империја** (ж)	impérija
kolonie (de)	**колонија** (ж)	kólonija
slavernij (de)	**ропство** (с)	rópstvo
invasie (de)	**инвазија** (ж)	ínvazija
hongersnood (de)	**глад** (ж)	glád

195. Grote religieuze groepen. Bekentenissen

religie (de)	**религија** (ж)	réligija
religieus (bn)	**религиозан**	réligiozan
geloof (het)	**вера** (ж)	véra
geloven (ww)	**веровати** (нг)	vérovati
gelovige (de)	**верник** (м)	vérnik
atheïsme (het)	**атеизам** (м)	ateízam
atheïst (de)	**атеиста** (м)	ateísta
christendom (het)	**хришћанство** (с)	hríšćanstvo
christen (de)	**хришћанин** (м)	hríšćanin
christelijk (bn)	**хришћански**	hríšćanski
katholicisme (het)	**католицизам** (м)	katolicízam
katholiek (de)	**католик** (м)	kátolik
katholiek (bn)	**католички**	kátolički
protestantisme (het)	**протестантизам** (м)	protestantízam
Protestante Kerk (de)	**протестантска црква** (ж)	protestántska cŕkva
protestant (de)	**протестант** (м)	protéstant
orthodoxie (de)	**православље** (с)	právoslavlje
Orthodoxe Kerk (de)	**православна црква** (с)	právoslavna cŕkva
orthodox	**православни** (м)	právoslavni
presbyterianisme (het)	**презвитеријанство** (с)	prezviterijánstvo
Presbyteriaanse Kerk (de)	**презвитеријанска црква** (ж)	prezviterijánska cŕkva
presbyteriaan (de)	**презвитеријанац** (м)	prezviterijánac
lutheranisme (het)	**лутеранска црква** (ж)	lutéranska cŕkva
lutheraan (de)	**лутеранац** (м)	lutéranac
baptisme (het)	**баптизам** (м)	baptízam
baptist (de)	**баптиста** (м)	baptísta
Anglicaanse Kerk (de)	**англиканска црква** (ж)	anglíkanska cŕkva
anglicaan (de)	**англиканац** (м)	anglikánac
mormonisme (het)	**мормонизам** (м)	mormonízam
mormoon (de)	**мормон** (м)	mórmon
Jodendom (het)	**јудаизам** (м)	judaízam
jood (aanhanger van het Jodendom)	**Јеврејин** (м)	Jévrejin

boeddhisme (het)	**будизам** (м)	budízam
boeddhist (de)	**будиста** (м)	budísta
hindoeïsme (het)	**хиндуизам** (м)	hinduízam
hindoe (de)	**хиндуиста** (м)	hinduísta
islam (de)	**ислам** (м)	islam
islamiet (de)	**муслиман** (м)	muslíman
islamitisch (bn)	**муслимански**	muslímanski
sjiisme (het)	**шиизам** (м)	šiízam
sjiiet (de)	**шиит** (м)	šíit
soennisme (het)	**сунизам** (м)	sunízam
soenniet (de)	**сунит** (м)	súnit

196. Religies. Priesters

priester (de)	**свештеник** (м)	svéštenik
paus (de)	**Римски Папа** (м)	Rímski Pápa
monnik (de)	**монах** (м)	mónah
non (de)	**монахиња** (ж)	monáhinja
pastoor (de)	**пастор** (м)	pástor
abt (de)	**опат** (м)	ópat
vicaris (de)	**викар** (м)	víkar
bisschop (de)	**епископ** (м)	épiskop
kardinaal (de)	**кардинал** (м)	kardínal
predikant (de)	**проповедник** (м)	propovédnik
preek (de)	**проповед** (ж)	própoved
kerkgangers (mv.)	**парохијани** (мн)	parohíjani
gelovige (de)	**верник** (м)	vérnik
atheïst (de)	**атеиста** (м)	ateísta

197. Geloof. Christendom. Islam

Adam	**Адам** (м)	Ádam
Eva	**Ева** (ж)	Eva
God (de)	**Бог** (м)	Bog
Heer (de)	**Господ** (м)	Góspod
Almachtige (de)	**Свемоћни** (м)	Svémoćni
zonde (de)	**грех** (м)	greh
zondigen (ww)	**грешити** (нг)	gréšiti
zondaar (de)	**грешник** (м)	gréšnik
zondares (de)	**грешница** (ж)	gréšnica
hel (de)	**пакао** (м)	pákao
paradijs (het)	**рај** (м)	raj

Jezus	**Исус** (м)	Isus
Jezus Christus	**Исус Христос** (м)	Isus Hrístos
Heilige Geest (de)	**Свети Дух** (м)	Svéti Duh
Verlosser (de)	**Спаситељ** (м)	Spásitelj
Maagd Maria (de)	**Богородица** (ж)	Bogoródica
duivel (de)	**Ђаво** (м)	Đávo
duivels (bn)	**ђаволски**	đávolski
Satan	**Сатана** (м)	Satána
satanisch (bn)	**сатански**	satánski
engel (de)	**анђео** (м)	ánđeo
beschermengel (de)	**анђео чувар** (м)	ánđeo čúvar
engelachtig (bn)	**анђеоски**	ánđeoski
apostel (de)	**апостол** (м)	ápostol
aartsengel (de)	**арханђео** (м)	arhánđeo
antichrist (de)	**Антихрист** (м)	Antíhrist
Kerk (de)	**Црква** (ж)	Cŕkva
bijbel (de)	**Библија** (ж)	Bíblija
bijbels (bn)	**библијски**	bíblijski
Oude Testament (het)	**Стари Завет** (м)	Stári Závet
Nieuwe Testament (het)	**Нови Завет** (м)	Nóvi Závet
evangelie (het)	**јеванђеље** (с)	jevánđelje
Heilige Schrift (de)	**Свето Писмо** (с)	Svéto Písmo
Hemel, Hemelrijk (de)	**Царство** (с) **небеско**	Cárstvo nébesko
gebod (het)	**заповест** (ж)	zápovest
profeet (de)	**пророк** (м)	prórok
profetie (de)	**пророчанство** (с)	proročánstvo
Allah	**Алах** (м)	Álah
Mohammed	**Мухамед** (м)	Muhámed
Koran (de)	**Куран** (м)	Kúran
moskee (de)	**џамија** (ж)	džámija
moellah (de)	**хоџа** (м)	hódža
gebed (het)	**молитва** (ж)	mólitva
bidden (ww)	**молити се**	móliti se
pelgrimstocht (de)	**ходочашће** (с)	hodóčašće
pelgrim (de)	**ходочасник** (м)	hodóčasnik
Mekka	**Мека** (ж)	Méka
kerk (de)	**црква** (ж)	cŕkva
tempel (de)	**храм** (м)	hram
kathedraal (de)	**катедрала** (ж)	katedrála
gotisch (bn)	**готички**	gótički
synagoge (de)	**синагога** (ж)	sinagóga
moskee (de)	**џамија** (ж)	džámija
kapel (de)	**капела** (ж)	kapéla
abdij (de)	**опатија** (ж)	opátija

nonnenklooster (het)	**женски манастир** (м)	žénski mánastir
mannenklooster (het)	**мушки манастир** (м)	múški mánastir
klok (de)	**звоно** (с)	zvóno
klokkentoren (de)	**звоник** (м)	zvónik
luiden (klokken)	**звонити** (нг)	zvóniti
kruis (het)	**крст** (м)	kŕst
koepel (de)	**купола** (ж)	kúpola
icoon (de)	**икона** (ж)	íkona
ziel (de)	**душа** (ж)	dúša
lot, noodlot (het)	**судбина** (ж)	súdbina
kwaad (het)	**зло** (с)	zlo
goed (het)	**добро** (с)	dóbro
vampier (de)	**вампир** (м)	vámpir
heks (de)	**вештица** (ж)	véštica
demoon (de)	**демон** (м)	démon
geest (de)	**дух** (м)	duh
verzoeningsleer (de)	**искупљење** (с)	iskúpljenje
vrijkopen (ww)	**искупити** (пг)	iskúpiti
mis (de)	**служба** (ж)	slúžba
de mis opdragen	**служити** (нг)	slúžiti
biecht (de)	**исповест** (ж)	íspovest
biechten (ww)	**исповедати се**	ispovédati se
heilige (de)	**светац** (м)	svétac
heilig (bn)	**свет**	svet
wijwater (het)	**света вода** (ж)	svéta vóda
ritueel (het)	**ритуал** (м)	ritúal
ritueel (bn)	**ритуалан**	rítualan
offerande (de)	**приношење** (с) **жртве**	prinóšenje žŕtve
bijgeloof (het)	**сујеверје** (с)	sújeverje
bijgelovig (bn)	**сујеверан**	sújeveran
hiernamaals (het)	**загробни живот** (м)	zágrobni žívot
eeuwige leven (het)	**вечни живот** (м)	véčni žívot

DIVERSEN

198. Diverse nuttige woorden

achtergrond (de)	**позадина** (ж)	pózadina
balans (de)	**равнотежа** (ж)	ravnotéža
basis (de)	**база** (ж)	báza
begin (het)	**почетак** (м)	počétak
beurt (wie is aan de ~?)	**ред** (м)	red
categorie (de)	**категорија** (ж)	kategórija
comfortabel (~ bed, enz.)	**комфоран**	kómforan
compensatie (de)	**компензација** (ж)	kompenzácija
deel (gedeelte)	**део** (м)	déo
deeltje (het)	**делић** (м)	délić
ding (object, voorwerp)	**ствар** (ж)	stvar
dringend (bn, urgent)	**хитан**	hítan
dringend (bw, met spoed)	**хитно**	hítno
effect (het)	**ефекат** (м)	éfekat
eigenschap (kwaliteit)	**својство** (с)	svójstvo
einde (het)	**крај** (м)	kraj
element (het)	**елеменат** (м)	elémenat
feit (het)	**чињеница** (ж)	čínjenica
fout (de)	**грешка** (ж)	gréška
geheim (het)	**тајна** (ж)	tájna
graad (mate)	**степен** (м)	stépen
groei (ontwikkeling)	**раст** (м)	rast
hindernis (de)	**преграда** (ж)	prégrada
hinderpaal (de)	**препрека** (ж)	prépreka
hulp (de)	**помоћ** (ж)	pómoć
ideaal (het)	**идеал** (м)	idéal
inspanning (de)	**напор** (м)	nápor
keuze (een grote ~)	**избор** (м)	ízbor
labyrint (het)	**лавиринт** (м)	lavírint
manier (de)	**начин** (м)	náčin
moment (het)	**моменат** (м)	mómenat
nut (bruikbaarheid)	**корист** (ж)	kórist
onderscheid (het)	**разлика** (ж)	rázlika
ontwikkeling (de)	**развој** (м)	rázvoj
oplossing (de)	**решење** (с)	rešénje
origineel (het)	**оригинал** (м)	origínal
pauze (de)	**пауза** (ж)	páuza
positie (de)	**позиција** (ж)	pózicija
principe (het)	**принцип** (м)	príncip

probleem (het)	**проблем** (м)	próblem
proces (het)	**процес** (м)	próces
reactie (de)	**реакција** (ж)	reákcija
reden (om ~ van)	**узрок** (м)	úzrok
risico (het)	**ризик** (м)	rízik
samenvallen (het)	**коинциденција** (ж)	koincidéncija
serie (de)	**серија** (ж)	sérija
situatie (de)	**ситуација** (ж)	situácija
soort (bijv. ~ sport)	**врста** (ж)	vŕsta
standaard (bn)	**стандардни**	standárdni
standaard (de)	**стандард** (м)	stándard
stijl (de)	**стил** (м)	stil
stop (korte onderbreking)	**пауза, станка** (ж)	páuza, stánka
systeem (het)	**систем** (м)	sístem
tabel (bijv. ~ van Mendelejev)	**таблица** (ж)	táblica
tempo (langzaam ~)	**темпо** (м)	témpo
term (medische ~en)	**термин** (м)	términ
type (soort)	**тип** (м)	tip
variant (de)	**варијанта** (ж)	varijánta
veelvuldig (bn)	**чест**	čest
vergelijking (de)	**поређење** (с)	póređenje
voorbeeld (het goede ~)	**пример** (м)	prímer
voortgang (de)	**прогрес** (м)	prógres
voorwerp (ding)	**објекат, предмет** (м)	óbjekat, prédmet
vorm (uiterlijke ~)	**облик** (м)	óblik
waarheid (de)	**истина** (ж)	ístina
zone (de)	**зона** (ж)	zóna

www.ingramcontent.com/pod-product-compliance
Lightning Source LLC
LaVergne TN
LVHW051310080426
835509LV00020B/3216

* 9 7 8 1 7 8 4 9 2 3 2 1 1 *